U0943177

地势坤，君子以厚德载物。

傅佩荣讲孟子

傅佩荣 著

北京联合出版公司
Beijing United Publishing Co.,Ltd.

图书在版编目（CIP）数据

傅佩荣讲孟子 / 傅佩荣著 . — 北京 ： 北京联合出版公司 , 2018.5

ISBN 978-7-5596-1849-8

Ⅰ . ①傅… Ⅱ . ①傅… Ⅲ . ①儒家②《孟子》 – 通俗读物 Ⅳ . ① B222.5-49

中国版本图书馆 CIP 数据核字（2018）第 048952 号

著作权合同登记 图字：01-2018-2037 号

傅佩荣讲孟子

作　　者：傅佩荣
责任编辑：熊　娟
内文设计：顾小固

北京联合出版公司出版
（北京市西城区德外大街 83 号楼 9 层　　100088）
北京嘉业印刷厂印刷　　新华书店经销
字数：111 千字　　880 毫米 ×1230 毫米　1/32　　印张：7
2018 年 5 月第 1 版　　2018 年 5 月第 1 次印刷
ISBN：978-7-5596-1849-8
定价：45.00 元

自　序

值得做的事很多，但我一生做不了几件；值得念的书很多，但我一生念不了几本。因此，面对自己短暂的一生，人首先要学会的就是“给一个说法”：我做这几件事，我念这几本书，以及我选择如何如何，都需要一个合理的解释。

这无异于探讨一个大问题：人生有什么意义？因为“意义”不是别的，而是“理解之可能性”。我过这样的生活，以这种方式与人来往，这一切作为是“可以理解的”吗？如果说不出所以然，也就是没有一个说法，那么，我的人生就谈不上有什么意义，只是人云亦云，随俗浮沉，十六个字就讲完了：生老病死，喜怒哀乐，恩怨情仇，悲欢离合。其他的大道理都只是风声吹过而已。

面对如此处境，似乎只有一条出路，就是“爱好及追求智慧”，而这句话恰好是古希腊时代对“哲学”一词的原始定义。不过，我在此不是要介绍西方哲学，我要推荐的是与我们一样使用中文的、中国古人的哲学。虽说是古人，但一点也不老旧；他们使用古文，却依然照亮了今日世界。苏格拉底有一位年轻的朋友，这个朋友借酒装疯，说出他对苏格拉底又爱又恨的心情：“他使我觉悟生命不该因循苟且，忽略自己灵魂的种种需要，迷失在政治往还的生涯中。我起初无法接受，掩耳疾走，背他而去。他是唯一使我觉得自己可耻的人。我曾多次暗咒他早早死了才好，但我又知若果真如此，则我的哀伤将远远盖过我的欣喜。”

“掩耳疾走，背他而去。”我好像也曾有过这样的念头，但针对的“他”是谁呢？不是别人，就是我在这儿要向大家介绍的孔子、孟子、老子、庄子。他们并称为“中国四哲”，但我年轻时，只觉得他们难以亲近，也不易理解。孔子说话精简扼要，如念格言金句；孟子倡言仁政理想，结果落个好辩之名；老子看似很有见地，内容却是恍惚难解；庄子寓言常有巧思，让人感叹浮生若梦。我曾想过，如果没有这“四哲”，我们求学时会不会轻松一点？传统的包袱会不会减少一点？

现在我明白了。如果没有他们，我的哀伤将远远胜过欣喜，甚至这一生只剩下十个字：重复而乏味，茫然过日子。读懂他们的文字，领悟他们的思想，实践他们的教导，品味他们的智慧，然后这才发现自己身为中国人，并且能够从小使用中文，是一件无比幸福的事。

他们身处危机时代，虚无主义的威胁有如张牙舞爪的恶魔。孔子与孟子代表儒家，主张“由真诚引发内心行善的力量”，使价值的基础安立于人性中，如此可化解价值上的虚无主义。老子与庄子代表道家，主张“凡存在之物皆有其来源与归宿”，即作为“究竟真实”的道，可消除存在上的虚无主义。前者重视“真诚”，后者肯定“真实”，殊途同归但皆使人的生命展现明确意义，有如丽日当空，光明普照，而人生的喜悦与快乐也有如空气般自然遍存。

我归纳儒家思想为四句诀：对自己要约，对别人要恕，对物质要俭，对神明要敬。至于道家，也有另一套四句诀：与自己要安，与别人要化，与自然要乐，与大道要游。这简单的二十字心得，可以在这四本书中找到详细的说明。

“孔孟老庄”四哲，每一位都是千年难遇的良师与益友。

我研究中西哲学四十余年，最大的收获就是学习并了解这四哲的思想。我出版有关他们思想的书籍与有声书很多，现在这一套书原是一系列四十八讲的课程，整理成文字稿再经修订而成，所以内容浅显易懂，文字轻松可读，结构完整周延，论述一气呵成。不限时空，随手翻阅，压力不大，心得甚深。谈到“哲普”作品，目的不正是如此吗？

本书之整理，要感谢叶莲芬小姐，她在中学担任繁忙的辅导工作之余，全力以赴在短时间之内完成任务。出版社的编辑们也付出很大的心力，非常感谢。每次出新书，我都喜忧参半。喜的是心得可以与人共享，忧的是我还可以做得更好啊！

目录

主题一：好辩自有理由

第一讲：充实基本学识

孟子是儒家的重要代表，儒家思想表现在外的特色是：肯定传统、重视教育，以及关怀社会。传统指向过去，教育针对未来，社会则是现在的，儒家对于人的世界都以正面态度来看待。孔子之后，他的学生分为八派，各立门户，能分而不能合，他们能当老师，也能做官；但是谈到哲学，儒家系统却很少有什么发挥。直到一百七十多年后的孟子，才将孔子的思想温故知新，提出一系列创见。

“孟母三迁”是我们耳熟能详的故事。孟母认为，如果住在市集旁，小孩会跟着学做生意，满脑子想要赚钱；住在坟墓边，小孩跟着去祭祀、叩拜，看起来也不合适；最后搬到了学堂边，年幼的孟子也喜欢念书了。这说明人很容易受环境的影响。孟子后来谈到人的问题，也特别重视环境对人的影响。这是一个有趣的例子，但没有明确的证据。

《三字经》里提到“子不学，断机杼”，讲的是有一天孟子在念书，念着念着便停下来，在一旁织布的母亲见状，就用剪刀把她织的布剪断，孟子吓了一跳，问母亲为什么这么做？母亲说：“你念书停下来，我就把布剪断。”孟子学问很好，大概也是因为母亲的鼓励，或说勉励有加吧。

孟子成年之后，还有一个小故事。有一次他想休妻，古代做妻子的比较没有保障，丈夫有各种理由休妻。孟母问他：“你为什么这么做？”他说：“因为我回到家时，看见妻子坐在地上。”古代人或蹲或跪，不能坐着，因坐着不雅。孟母问他：“你要进门时，有没有先扬其声？”“扬其声”指故意说话大声一点，至少是咳嗽一下，让别人知道你要进来了。孟子说：“没有。”孟母说：“那是你先不对，你进门没有依礼而行。”于是孟子打消了这个想法。这些哲学家的逸事，有趣但未必可靠。

精通古典资料：诗、书、易

孟子是子思的再传弟子，子思是孔子的孙子。如果以孔子为儒家第一代，那么孟子就是第五代了。孟子学习儒家的《诗》《书》《礼》《乐》《易》，同时也专心学习孔子思想。从孔子的弟子开始，介绍及发扬他的学说，所以司马迁的《史记》有《孟子荀卿列传》，他们都自称是孔子的继承者，但两人立场针锋相对：孟子说性善，荀子说性恶。

孟子说“性”，强调人的心有四端，端代表开端、萌芽，它是一种力量，在实现之后造成善的结果。那么为什么有人做坏事呢？他认为，照正常情况来说，人会做好事，如果外在力量太大，社会上形成一种风气，称作“势”，就像水往下流，如果用手泼，外在力量反而能改变水的方向。有关人性的讨论，我们还会深入分析。孟子认为人性向善，是因为他从人内心基本的开端来界定人性。

荀子说性恶，因为他认为人类的本能与欲望表现出来的结果是恶的。人争权夺利、互相伤害，这显然是恶。如果没有老师、礼仪或法律，人就会做坏事。荀子说恶，是从行为的结果来说。这样分析之后，孟子、荀子所说的“性”字意义不同，他们之间的冲突也未必是针锋相对的。他们同样都接受儒家的三个原则：肯定传统、重视教育、关怀社会，因此司马迁把他们放在一起介绍。

司马迁用“道既通”一语来描述孟子，人活在世界上，能够做到这一步，就不虚此生了。“道”是人生的正路，对于人生该怎么走、这一生该怎么过，都想通了。念书念到最后觉悟了，一悟百悟，对现实情况都能提出个人看法，融会贯通，形成一个系统。孟子肯定也是过了五十岁以后才道既通。当时读书人最好的出路就是做官，目的是要用自己的学识来帮助国君推行良政、照顾百姓，所以孟子去见了齐宣王、梁惠王。

《孟子》总共七篇，每一篇分上下，第一篇是《梁惠王》。梁国是战国时代的魏国（韩、赵、魏三家分晋的魏国），迁都大梁后又称梁国，所以梁惠王就是魏惠王。孟子见梁惠王，王曰：“叟，不远千里而来，亦将有以利吾国乎？”老先生，你不远千里而来，对我们国家有什么好处呢？叟就是老先生，说明孟子见梁惠王时，年纪应该是中年以后了。司马迁说他读《孟子》，看到梁惠王这么问孟子，就废书而叹。

其实梁惠王会这么说，与当时的时代背景有关。战国中期有二十二个国家，我们熟知的是战国七雄：韩、赵、魏三分春秋时代强大的晋国，东边偏北是齐国与燕国，南方是楚国，西方是秦国。二十二国里也包括孟子的祖国邹国，邹国的宗主国鲁国，还有宋国、滕国、薛国、越国等。当时各国为了竞争，用了很多战略高手，譬如秦国有商鞅，赵国有廉颇与蔺相如，燕国有乐毅，齐国有田单。各国都在设法合纵连横，联合对付某一国，或者维持短暂的和平。

孟子倡导儒家的学说与仁政的理想，听起来很有道理，但不容易做到。国君应该勤政爱民，但是当时的国君只想锦衣玉食、作威作福。孟子与国君见面时，就需要不断地讨论、辩论。许多人批评孟子喜欢辩论，孟子听了之后，说："予岂好辩哉？予不得已也。"（《孟子·滕文公下》）意思是我怎么会喜欢辩论，我是不得已的。他的想法是，天下这么乱，照现在的情况发展下去，结果将不堪设想。

梁惠王的儿子梁襄王刚继位时，见了孟子就问："天下怎么样才能安定？"一个年轻领袖才即位就希望安定天下。

孟子说：“统一就能安定。”这话现在听来有点意思。梁襄王又问：“谁可以统一？”孟子说：“不喜欢杀人的人可以统一。”（《孟子·梁惠王上》）若身处现代社会，杀人立刻坐牢，但以往的国君却可以随便杀人，所以孟子说，不喜欢杀人就可以统一。孟子对梁襄王印象不好，说他“望之不似人君”，看起来不像一个领袖的样子，站没有站相、坐没有坐相，也不知道自省，见面就问如何安定天下。这就是孟子当时会见国君时生动的画面。

孟子常常要与这些国君讨论、辩论，所以他必须有充实的学识。他的学问来源主要是《诗经》与《书经》，《孟子》书中使用《诗经》《书经》的地方很多，通常是国君问一句话，孟子答一段话；国君问两句话，孟子答好几段。孟子大概觉得国君不太念书，所以至少要让他们知道古人是怎么说的。他熟背《诗经》与《书经》，谈话时引经据典，很有分量。如果连《诗经》与《书经》都不听，那该听谁的？别人虽然辩不过他，但也不得不承认他言之有理。

孟子表现最精彩的地方，就是他与齐宣王的会面。齐宣王同孟子谈了几次以后，发现孟子确实有学问也有见解，于是向他坦诚自己的毛病，他说：“寡人有疾。”（《孟子·梁惠王下》）什么病呢？“好色、好勇、好货”。这三种病即孔子所说的：“君子有三戒，少之时，血气未定，戒之在色；及其壮也，血气方刚，戒之在斗；及其老也，血气既衰，戒之在得。”（《论语·季氏》）孔子把人的毛病分为三个阶段，事实上很多人同时具备这三种毛病，齐宣王就是个例子。

国君承认自己有三个毛病，你该怎么回应？如果讲得不好，他会恼羞成怒。孟子只简单地说：“你好色吗？”他马上念一首《诗经》的内容：“古公亶父，来朝走马，率西水浒，至于岐下，爰及姜女，聿来胥宇。”周朝祖先古公亶父好色，他清早起来就骑马到河边去（《水浒传》一名就来自“率西水浒”），认识一位姜姓女子，于是跟她约会，最后结婚了。所以好色能让天下女子都有归宿、男子都有伴侣，满足天下人好色的愿望，可以组成家庭，社会永续发展，这是自然的愿望。国君如果好色，疼爱自己的王妃，并能推广及于天下百姓，让百姓也能疼爱自己所爱的人，那么国君行仁德之政何难之有？

第二，好勇，想要称霸天下。好勇有两种。如果在路上被人瞪了一眼，立刻拔剑相向，这就是匹夫之勇。国君若真的好勇，就应该学习周文王。文王看到老百姓被欺负就愤怒，他一怒就安定天下，因为他的正义之怒是为了老百姓，而不是为自己。周武王也一样，他见商纣横行天下便发怒，这一怒就安定天下了。孟子多次引用《尚书》的话："天降下民，作之君，作之师，惟曰其助上帝宠之。四方有罪无罪，惟我在，天下曷敢有越厥志？"天降生万民，为万民立了君主也立了老师，要他们协助上帝来爱护百姓。因此，四方百姓有罪的与无罪的，都由我来负责。天下谁敢超越他的本分？上天让老百姓活着，国君和老师有责任，老师的责任，就是孟子要尽的责任。孟子和国君对话时，就把经典里的记载随口念出来。

第三，好货。孟子引述一段《诗经》："公刘好货。"公刘是周朝更早的祖先，公刘要去打仗，家乡仓库存粮满满，士兵带出门的干粮也装得满满的，也就是留守的人有存粮，远行的人有满载的干粮。爱财不是不好，尤其是藏富于民，百姓都发财了，你自然就有钱了。

孟子的原则很简单。第一，任何问题，在古代经典皆能找到相关的诗句或文章；第二，表现儒家的立场，希望推己及人。孟子主张革命有理，是因为国君应该照顾百姓，不应该自己享受而不让百姓享受，这个立场很清楚。我们要学的是他与国君如何对话，国君一讲话，他立刻就能引用《诗经》《书经》中的话回应。孟子的学问是反复练习而来的，这就是“精熟”。

《孟子》没有谈到《易经》，但是孟子对《易经》有相当的功力。《易经》用两个字讲人生的道理：“时”和“位”。“时”代表时机，该如何就如何，需要智慧的判断。孟子特别强调智慧，因为人生在世要与时俱进。孔子提到仁者、智者。仁者永远有很高的自我要求，存好心、做好事、很真诚；但是智者不只做好事，还要随机应变。有些人不知变通，性格忠厚就一路忠厚到底、勇敢就做到勇敢的极致。如果能变通，不是更好吗？所以孟子对孔子“推崇备至”，说他是“圣之时者也”，是圣人里最合乎时宜的。可见他对《易经》六十四卦所谈的每一个时机、每一个形势，都有清楚的认识。

“位”，代表位置。《易经》讲卦还讲爻，爻就是位置。一卦六爻，占到哪一个位置就做什么事；如果不在这个位置，事倍功半，反而有负面效果。他引用孔子讲过的故事：齐景公喜欢打猎，通常由虞人，亦即专门管理这座山的官员当向导，因为只有他知道山中哪里有动物。有一次，齐景公用旗子招唤虞人过来，他没有听命。按照礼仪规定，齐景公应该拿打猎时戴的皮帽召唤他，他才能过来。孔子赞赏这位官员，因为他知道自己的位置，不敢任意跨越。因此我们可以说，孟子对《易经》也有相当的研究。

老子说："为学日益，为道日损。"他期许我们每天都要把成见、欲望去掉一些。儒家则是"为学日益"，每天都要念书，书念多了自然明白道理，可以把书本的想法运用在生活上。孟子为什么能够理直气壮呢？他同别人谈话时总是充满信心，好像所有问题都离不开他的手掌心，不管是国君还是大臣，问题到了孟子这里都能迎刃而解，方案怎么说都是要行仁政，但他们偏偏做不到。行仁政的前提，是尊重每一个人，"己所不欲，勿施于人"，当时的政治领袖都做不到，因为他们的权力太大了。一般老百姓没有太多受教育的机会，只能尽忠职守。多少兵马俑都是由活生生的人当模特儿雕塑出来的！虽然他们的表情不同，但服装是一样的，上级命令你做什么，毫无选择余地，否则立刻没命，这是当时的情况。儒家则能看出这些制服、盔甲背后的人有尊严，人人平等，与国君一样可贵。孟子作为儒家代表，他的观念非常清楚，没有任何含糊的地方。身为哲学家，他有明确的理解、坚定的立场，而且表现得特别生动。

本书前面几讲会谈孟子“语言的艺术”，就是他如何使用语言。真正的聪明人，包括伟大的宗教家与政治家，都很喜欢使用比喻，让众人听了都有自己的感受。释迦牟尼、耶稣也常用比喻，听众程度有好有坏，但都能听得懂，孟子也有这样的功力。

领悟孔子的真正智慧

孟子的基本学识，除了古代经典以外，就是孔子的思想了。孔子曾经感叹没有人了解他，难免觉得遗憾，并且他本身也没有专门的著作。聪明而用功的孟子却能将各种传下来的片段资料整合起来，抓住其思想核心，再精准扼要地表达出来。他说，如果让孔子做一件不该做的事，杀一个无辜的人，就是把天下给他，他也不要。至今这段话还是古今中外从政者的最高标准。在现实世界中如果让我做一件不该做的事、骗一个无辜的人，就可以发财，我做不做呢？很多人可能因此犹豫不决，这就违背了儒家的原则。这些从孔子传扬下来的儒家思想，到孟子手上更显示了它的特色。

孟子了解孔子的立场。他曾经说：“予未得为孔子徒也，予私淑诸人也。”（《孟子·离娄下》）他很敬仰孔子，却遗憾没有机会当孔子的学生，因为他们之间相距一百多年，所以他只能以孔子为榜样，将他作为学习对象，并活用他的思想。比如很多人一谈儒家就唱高调，教你行善避恶，成为君子、圣人。那么一般人该怎么办？孟子补充说明这么做的基础何在，就是“有恒产者有恒心”（《孟子·滕文公上》）。一般老百姓没有恒产（固定的产业），吃不饱也穿不暖，饥寒起盗心，须知衣食足然后知荣辱，因此孟子说有恒产才有恒心。“夫仁政，必自经界始”（《孟子·滕文公上》），行仁政就要把田界划分清楚，让耕者有其田，让百姓一家温饱。推行王道，就是要让七十岁的老人家有肉可吃、有丝织的衣服可穿，也就是“衣帛食肉”，然后“养生丧死无憾”（《孟子·梁惠王上》），让父母家人丰衣足食，父母过世了，有钱可以办丧事，这样才是王道的开始。儒家肯定经济的作用，而不是反对发财或违背人性自然的愿望。

除了经济之外，还需要教育。经济应该达到什么程度是没有标准的，如果一生汲汲营营于赚钱，那么到了老年就来不及受教育了。拼经济的目的在于受教育，只要基本生活条件齐备了，就要受教育。孟子发挥孔子的思想，讲得非常精确，他说“饱食暖衣，逸居而无教，则近于禽兽”（《孟子·滕文公上》）：让人民吃饱、穿暖，生活舒服散漫而没有受教育，他们就接近禽兽了。人原本就是动物之一，但人可以接受教育，理性思考的能力使人成为万物之灵。有人说马很聪明，或者猴子的智力与四五岁的小孩一样，但顶多到此为止，难以继续发展。人类除非在智力上自我设限，不然应该可以持续地发展下去。根据研究，人类的大脑平均只用了十分之一，一般人多半不太喜欢深入探讨。孟子博闻强记，又能言简意赅，把儒家思想的每一方面都了解透彻，再推向理论的高峰。

发挥个人创见：人性理论

《三字经》第一句是“人之初，性本善”，第二句是“性相近，习相远”。这第二句出自《论语·阳货》，子曰：“性相近也，习相远也。”人性原是接近的，但后天养成的习惯让人性的差异变大了。孔子、孟子都不说性相同。如果说人性本善，是否应该说性相同，亦即没有任何程度的差别？如果肯定人在本质上都是善的，那么不接受教育应该还是性善，为什么会接近禽兽呢？事实上，孟子谈人性，并未把人性看作具有固定的本质。

我认为把人性看成具有某种固定的本质，不管是善还是恶，都属于宗教的说法，因为它无法通过经验的验证。佛教徒说缘起性空，万物的本性都是空的，所有事物都是因缘和合而成。花有花之性吗？没有。花是我们所看到的颜色、闻到的香味，把花的颜色、香味去掉，就没有花这个东西。如果有人说儒家主张人性本善，那么儒家也成了某种宗教说法。我尊重这样的想法，但不加以讨论，因为孔子、孟子不谈这些，是后人误会了。孟子的全套思想有完备的理论，如果将它理解为主张人性本善，就无法开展他的思想，也难以理解为什么他会认为“饱食暖衣，逸居而无教，则近于禽兽”。

孔子感叹“没有人了解我”，原因之一恐怕是聪明好学的颜渊过世了。孟子生于孔子死后一百七十多年，他的阐述应该可以告慰孔子在天之灵。读《孟子》，我们可以从中知道儒家思想是如何建构的。至于稍后的荀子则不然，荀子有两位出名的学生：韩非与李斯。韩非是理论家，李斯是秦始皇的宰相。荀子号称儒家的代表，自谓得到孔子真传，不过两位弟子却是法家的重要人物，可见他的儒家传承有问题。譬如，孟子说："不嗜杀人者能一之。"但秦始皇喜欢杀人，却统一了天下，不过只延续十五年就结束了。所以孟子还是对的。用仁政可以达成和平统一吗？天下之事，总是分久必合、合久必分。

学儒家时，一方面可以有远大的理想，但更重要的，是把它收回自己内心，不管面对什么时代、什么环境，首先都要为自己负责。"穷则独善其身，达则兼善天下"（《孟子·尽心上》），让天下人都一起走向完美，这是儒家的理想，"老者安之，朋友信之，少者怀之"（《论语·公冶长第五》）是孔子的志向。孟子说，读书人有机会要设法兼善天下，不过这种机会不是自己创造的，通常是别人给的。当时有一种风气，叫作"养士"，梁惠王"卑礼厚币以招贤者"（《史记·魏世家》），于是孟子就到梁国去了。梁惠王问这些人是否将为他的国家带来利益，每个人都回答好听的话，只有孟子说："王何必曰利，亦有仁义而已矣。"（《孟子·梁惠王上》）有仁义就够了，因为如果行仁义，上上下下互相尊重合作，国家将团结和谐。

梁惠王带孟子去看宫廷里的花园，里面有各种动物与花草。他问孟子："你们有贤德的人，也喜欢欣赏花草树木、鸟兽虫鱼吗？"孟子说："贤良的人确实可以享受这些，但是不贤良的人享受就危险了，因为老百姓受不了。"

齐宣王有一个别墅叫雪宫，里头有很多麋鹿、天鹅，以及各种美好的花草。孟子提醒他，千万不要以此为乐，因为老百姓正在受苦。齐宣王还抱怨，周文王有一个纵横各七十里的花园，百姓认为太小；我的花园仅纵横四十里，百姓却认为太大。孟子说，周文王的大花园是每一个百姓都可以进去的，在里头砍柴、抓兔子都行，所以周文王的花园等于是国家花园，也就是孟子说的"与民偕乐"。丹麦有座国家公园，园中的中式戏台屋檐下横悬一块木匾，就写了"与民偕乐"四个字。每个人都值得尊重，绝不能因为权力、财富占尽优势，就可以不把别人当一回事。

孟子最精彩的地方，在于他把人性理论说清楚了。所谓人性向善，是说人只要真诚，就会产生一种由内而发的力量，促使我们去做该做的事，人格尊严由此得到肯定，人生的快乐也会由内而发。从自觉真诚开始，就会引发无限的力量，这也肯定了每一个人的平等在此。但是要先接受良好的教育，才会知道“真诚”该如何表现出来，如何与外在的规范配合，然后生命就会稳定，社会也就有了秩序。

第二讲：善于使用比喻

介绍孟子的思想结构，可以概括为四大范畴：

一、好辩自有理由。孟子喜欢辩论有其理由，我们也由此欣赏孟子的语言艺术。二、性善不是幻想。要把孟子的人性理论做个介绍。三、培养浩然之气。谈儒家的修养，不能错过如何培养浩然之气。四、人格修养六境。很多人学习儒家找不到实践的步骤，或是抓不到重点，事实上这些在《孟子》里都谈到了。

语言和言语不同。一般讲语言，是说人类有各种不同的语言；而说话时表达的方式则称为言语。孔子的学生分为四科：德行、言语、政事、文学。德行科排第一，因为儒家的主要关怀就是要让人生走上正路。其次，孔子重视言语，言语科排第二。古代的人知道，人的生命表现在言和行这两方面。如果只有行动，就只有身边的人看得到你做了什么事，而言语则可以传播到其他地方。如今传播媒体这么发达，言语就显得更重要了。

言语虽然重要，但也有缺点。孔子说："巧言令色，鲜矣仁。"（《论语·学而》）说话美妙动听，表情讨好热络，这种人很少有真诚的心意。因为和言语、表情相对的，就是内心的真诚。重要的是，要设法在巧言令色的同时，加上真诚，否则谋职失败的人把原因归咎于孔子教人刚毅木讷，那就冤枉了。谦虚不代表不能用适当言语来表达，孔子只是希望我们在讲动听的话时，同时要注意真诚。言语最怕逞口舌之利，所以人要念书，有一定的认知与理解，说出来的话才有道理，孟子就是最好的例子。

孟子善于使用高明的比喻。说话如果只讲事实，将会非常枯燥，讲的时候也要选择重点，显示个人特定的意见，所以最好使用比喻。使用比喻时，因每个人的生命经验不同，会有不同的理解；不同年龄也会有不同的心得。使用比喻极有弹性，也最能够把语言的妙用展现出来。

孔子说："岁寒，然后知松柏之后凋也。"（《论语·子罕》）天气很冷，才能知道松树、柏树是最后凋零的。看到这句话，我们所想到的，是人要经过严格的检验，才能知道他的志节是不是坚贞？这就是“时穷节乃见”，这个比喻使人得到不同的启发。

智：缘木求鱼，杯水车薪，五十步笑百步

孟子是比喻高手，擅长使用生动巧妙的寓言。孟子见梁惠王，梁惠王说：“我治理国家可谓用尽心思啊！如果河内发生灾荒，我就把民众迁徙到河东，并把谷粮移到河内救灾；河东发生灾荒时也用这样的办法。看看邻国的管理，没有比我更用心的了；但邻国的民众没有减少，我国的民众也没有增多，为什么呢？”

孟子回答说：“大王喜欢打仗，我就用打仗来比喻。击鼓进军，两军交锋，有士兵溃逃，有的跑了一百步停了下来，有的跑了五十步就停下来。如果那跑了五十步的取笑跑了一百步的，您觉得如何呢？”

梁惠王说：“不可以。逃跑五十步也是逃跑啊！”

孟子说："大王既然知道，那么不要希望民众比邻国多了。"(《孟子·梁惠王上》)这就是有名的"五十步笑百步"。

齐宣王仰慕春秋时齐桓公与晋文公的霸业，很想效法他们，便向孟子请教有关他们的事迹。孟子说他没听说过，但可以为齐宣王讲述如何以仁德统治天下。孟子认为，要以仁德统治天下，最重要的，就是要照顾、爱护百姓。可以先从尊敬自己的父兄、爱护自己的子弟开始，然后推及别人的父兄子弟，这样就能治国、平天下了。如果不从基础开始做起，就想开疆辟土，使其他诸侯归顺而称霸天下，正如同爬到树上去抓鱼，是不可能达成的。后来《孟子》原文的"缘木求鱼"演变成一句成语。如果比喻用错地方，就徒劳无功了。(《孟子·梁惠王上》)

孟子还说："爬到树上找不到鱼就算了，顶多是爬树辛苦一点，没有'后灾'(后遗症)。如果想以这种做法统一中国，不但找不到鱼，还会有后遗症。"孟子接着问说："邹国与楚国打仗，大王认为谁会获胜？"齐宣王说："楚国会胜。"孟子说："由此可见，小的原本敌不过大的，人少的原本敌不过人多的，势力弱的原本敌不过势力强的。现在四海之内的面积约九百万平方里，齐国的土地占了其中九分之一。以一份来对抗另外八份，那和邹国与楚国为敌有什么不同呢？何不回到根本上来呢？现在大王改革政治、施行仁德，使天下做官的都想来大王的朝廷任职，农夫都想来大王的田野耕种，商人都想来大王的市集营生，旅客都想在大王的道路来往，天下有痛恨本国君主的人都想来大王这儿控诉。果真做到这样，谁能抵挡得住呢？”

齐国攻打燕国，大获全胜。齐宣王问：“有人劝我不要夺取燕国，也有人劝我夺取燕国。以一个拥有万辆兵车的国家去攻打同样拥有万辆兵车的国家，五十天就成功了，光靠人力是做不到的。不夺取它，必定会有天降的灾祸。夺取它，怎么样？”孟子回答：“夺取它而燕国百姓高兴，就夺取它。古代有人这么做过，就是周武王。夺取它而燕国百姓不高兴，就不要夺取它。古代有人这么做过，就是周文王。以拥有万辆兵车的国家去攻打同样拥有万辆兵车的国家，百姓用筐装饭、用壶盛酒来迎接大王的军队，难道会有别的意思吗？只是想避开水深火热的痛苦罢了。如果水淹得更深、火烧得更热，那就只能转而指望别人来拯救了。”（《孟子·梁惠王下》）

后来，果然各国联合起来对付齐国，齐宣王很懊恼没有听孟子的话。孟子用缘木求鱼的比喻之后，早就提醒齐宣王要小心后来的灾祸了。

孟子推崇仁政，有人问：“行仁政有用吗？”孟子说：“仁德战胜不仁德，就像水战胜火。现在实践仁德的人，就像用一杯水去救一车木柴的火。火没有熄灭，就说这是水不能战胜火。这样就给了不仁德最大的助力，最后连原先的一点仁德也会丧失的。”（《孟子·告子上》）这是“杯水车薪”一语的由来。

仁：见牛未见羊，一曝十寒，迁于乔木

有一个精彩的故事：“见牛未见羊”。齐宣王问：“要有怎么样的德行，才可以称王天下呢？”孟子说：“保护百姓进而称王天下，就没有人能够阻挡了。”

孟子进一步鼓励齐宣王：“我听胡龁说：有一天大王坐在堂上，有人牵着一头牛从堂下经过，大王见了就问：‘牛要牵到哪里去？’那人回答：‘要用它来祭钟。’大王说：‘放了它吧！我不忍心看它恐惧发抖的样子，好像没有犯罪就被

置于死地。’那人便问：‘那么，要废除祭钟的仪式吗？’大王说：‘怎么可以废除呢？用羊来代替它吧！’不知道有没有这回事？”齐宣王说：“有的。”孟子说：“这样的心意就足以称王天下了。百姓都以为大王是吝啬，我本来就知道大王是不忍心啊。”齐宣王说：“是的，确实有这样议论的百姓。齐国虽然狭小，我怎么会吝惜一头牛？就是不忍心看它恐惧发抖的样子，好像没有犯罪就被置于死地，所以才用羊代替它啊。”

孟子说：“大王不必责怪百姓以为您吝啬。用小的代替大的，他们怎么了解您的想法？大王如果可怜它没有犯罪就被置于死地，那么牛和羊又有什么分别呢？”齐宣王笑着说：“这究竟是什么样的心思呢？我不是吝惜钱财而以羊换牛的。也难怪百姓要说我吝啬了。”孟子说：“没有关系，这正是仁德的具体表现，是大王见到牛而没有见到羊的缘故。君子对于禽兽，看到它活着，就不忍心看到它死去；听到它的哀鸣，就不忍心食用它的肉。正是因为如此，所以君子总是与厨房保持距离。”（《孟子·梁惠王上》）

孟子就是希望齐宣王觉悟，他那一点点同情心是不足的。一头牛哀鸣他就不忍心，把牛换成羊，却没有听到羊的哀叫，更不知道有多少百姓挨饿受冻！此话一出，齐宣王肯定三天不敢见孟子，但不敢见他也会衍生其他问题，于是出现“一曝十寒”这个成语。孟子说：“对于大王的不明智，不必觉得奇怪。即使有天下最容易生长的东西，晒它一天，再冻它十天，也没有办法生长了。我与大王相见次数太少了，我一离开，那些浇冷水的人就来了，他那刚萌芽的一点善心又能怎样呢？”（《孟子·告子上》）这些成语都出自孟子，他在语言表达的艺术上，可谓非常杰出。

有一位奉行神农氏学说的人，名叫许行，他从楚国来到滕国，谒见滕文公：“我是从远方来的，听说您实行仁政，希望得到一个住所，成为您的百姓。”滕文公给他一个住处。他有弟子数十人，都穿粗麻衣服，以编草鞋、织席子为生。陈良的弟子陈相带着弟弟陈辛，背着农具从宋国来到滕国，对滕文公说：“听说您实行圣人的政治，那么您也是圣人了，我愿意做圣人的百姓。”陈相见到许行，非常高兴，就完全抛弃以前所学，改向许行学习。陈相来见孟子，转述许行的话说：“滕君确实是个贤明的君主，不过，他还没有懂得正道。真正贤明的君主应该与百姓一起耕种养活自己，一面烧火做饭，一面治理百姓。现在，滕国有储存粮食与财货的仓库，这是损害百姓来供养自己，怎么算得上贤明呢？”

孟子说：“许子一定自己栽种粮食才吃饭吗？”陈相说：“是的。”孟子说：“许子一定自己织布才穿衣吗？”陈相说：“不是，许子穿粗麻衣服。”孟子问：“许子戴帽子吗？”陈相说：“戴的。”孟子问：“戴什么样的帽子？”陈相说：“戴白绸帽子。”孟子说：“是他自己织的吗？”陈相说：“不，用粮食换来的。”孟子说：“许子为什么不自己织呢？”陈相说：“会妨碍农耕。”孟子说：“许子用锅甑烧饭，用铁器耕田吗？”陈相说：“是的。”孟子说：“是他自己制作的吗？”陈相说：“不，用粮食换来的。”孟子说：“用粮食换取锅甑铁器不算是损害瓦匠铁匠；瓦匠铁匠也用他们制的锅甑铁器换取粮食，难道就是损害了农夫吗？并且许子为什么不兼做瓦匠铁匠，样样东西都从自己屋里取来用呢？为什么要忙忙碌碌同各种工匠交换呢？为什么许子这么不怕麻烦呢？”陈相说：“各种工匠的工作，本来就不可能一面耕种一面操作的。”孟子说：“那么，难道治理天下就能一面耕种一面治理吗？有官吏的工作，有小民的工作。而且一个人身上的用品，要靠各种工匠来制作才能齐备，如果一定要自己制作而后使用，那天下人都要疲于奔命了。所以说：有的人操劳心思，有的人操劳体力。操劳心思的治理别人，操劳体力的被人治理；被人治理的养活别人，治理人的靠别人养活。这是天下共同的法则。”（《孟子·滕文公上》）

陈相辩不过孟子，可惜这位原本是儒家的学者，居然跟着农家走了。孟子对他很不满意，他只听说“出于幽谷，迁于乔木者，未闻下乔木而入幽谷者”，只听闻鸟从黑暗的山谷飞出来，迁到高大的树木上，没有听说鸟从高大的树木飞下来，迁到幽暗的山谷里面的。这句话后来演变成赠给要搬家的人一个书有“乔迁之喜”的匾。

勇：何待来年，三年之艾，鱼与熊掌

宋国大夫戴盈之听了孟子的话之后，觉得很有道理，说：“实施十分抽一的税率，免除关卡和市场上的征税，今年还做不到，预备减轻一些，等到明年再停止旧的做法，这样如何？”孟子说：“譬如有个人每天偷邻居一只鸡，别人对他说：‘这不是君子的作为。’他说：‘预备减少一些，每月偷一

只鸡，等到明年再停止偷鸡。’如果知道那种事不合道义，就赶快停止，为什么要等到明年？”（《孟子·滕文公下》）

我们有时候对自己太宽容了，经常发现自己有毛病却改不了。毛病是慢慢形成的，可能好几年也不见得改得过来，所以孟子说，有什么错应该立刻就改，“何待来年”。如果想拖延，代表还没有认识自己真正错了。

当时很多国君都觉得，听了孟子的话立刻要改真是不容易。但孟子在《离娄上》用别的方式来说明。有个人生了七年的病，需要用采下晒干后保存了三年的艾草治病，如果现在不开始储存，永远不会有保存三年的艾草可用。所以不要存着“我先休息一个星期再来努力”的心，应该立刻就做。

儒家也有比较极端的话，孔子说“杀身成仁”，孟子说“舍生取义”。问题在于如何规定仁和义。两千多年以来，中国读书人不断思考这个问题，最后却把仁义的决定权交给天子或国君了，但这也算仁义吗？孟子觉得君臣关系是相对伦理。儒家讲五伦，“父子有亲，君臣有义，夫妇有别，长幼有序，朋友有信”。一旦离开家庭进入社会，就有君臣关系，现代社会则是老板与员工。朋友之间，你对我不好，我就不理你；兄弟有时会打架，阋墙于内，团结对外；夫妻吵架更常见；

君臣也会不和；只有父母与子女的关系不可逆。做子女的无论如何都不能对父母恶言相向，更不要说暴力相加了。

舜就是个好例子，舜的父亲、后母、弟弟都想谋害他，但是舜并没有以怨报怨，只是设法让他们的恶行无法得逞，这样就是孝顺。

古人很容易以为君臣之伦也是不可逆的，那就错了。孟子把君臣关系说得很清楚。孟子告诉齐宣王："君主看待臣下如手足，臣下看待君主就如腹心；君主看待臣下如狗与马，臣下看待君主就如路边人；君主看待臣下如泥土草芥，臣下看待君主就如强盗仇敌。"（《孟子·离娄下》）此话一出，两千多年来的皇帝，哪一个不害怕？

明太祖朱元璋就很讨厌孟子，下令把孟子移出孔庙，不让他接受祭祀。结果要移走牌位时，忽然又打雷又下雨，明太祖害怕天意只好作罢，但心里还是不愉快，后来下令把《孟子》里的反动言论删除。

虽然东汉赵岐对《孟子》的内容做了注解，但却很少公开谈论，因为孟子把人格放在平等的位置上来互动，认为君臣伦理是相对的。在专制时代提出这种说法，国君当然无法容忍。比如孟子提到舍生取义时说："鱼是我喜欢吃的，熊掌是我喜欢吃的，这两个只能选一个，我就不要鱼了，我要取熊掌。”生命是我喜欢的，义也是我喜欢的（义就是正当的言行），两个不能够同时存在，我就要舍生取义。

为什么“义”比生命更可贵呢？只有一个答案：“人性向善”，所以行善而牺牲，就是完成人性的要求。孔子也说“杀身成仁”，为什么牺牲生命可以完成仁呢？因为生命的存在，就为了实现仁。仁的具体作为即是善，人性向善，所以为了实现善而牺牲生命，正好完成生命的目的。

当时佛教还没有传进中国，没有什么轮回观念，看到好端端的人忽然遭遇死亡，确实是很大的打击，因为死后就什么都没有了。但是，真的没有了吗？儒家认为除了鬼神的存在之外，还有后代对人格价值的肯定。千万不要小看“人格价值”四字，一个人去掉人格价值，还剩下什么？如果只剩下鬼魂，两千多年来经历过多少战乱，大多数后代子孙不清楚祖先是谁，要如何祭祀？所以我们常说人最好能有千秋万世的名声。但也有人不接受这种思想，认为“使我有身后名，不如及时一杯酒。”（《世说新语·任诞》）

孟子使用的比喻非常活泼生动。关于环境对人的影响，孟子有一个比喻说得很好：“一齐人傅之，众楚人咻之。”

孟子到了宋国，宋国国君很希望能好好做事。他有一位大臣名叫薛居州，非常贤良。但是只有一个薛居州不够，怎么办呢？于是孟子对宋国大夫戴不胜说："你希望你的大王走上善途吗？我明白告诉你办法。假定有一位楚国大夫想让他的儿子学习齐国话，那么是请齐国人来教？还是请楚国人来教？"戴不胜说："请齐国人来教。"孟子说："一个齐国人教他，许多楚国人干扰他，即使天天鞭打来逼他说齐国话，也不可能做到。如果带他到齐国都城的街坊住上几年，即使天天鞭打来逼他说楚国话，也不可能做到。你说薛居州是个好人，让他住在大王宫中。如果大王宫中，不论年纪大小、地位高低，都是薛居州那样的人，大王能同谁去做坏事呢？如果大王宫中，不论年纪大小、地位高低，都不是薛居州那样的人，大王能同谁去做好事呢？单靠一个薛居州，能对宋王起什么作用呢？"（《孟子·滕文公下》）

荀子说得更有趣，他说"蓬生麻中，不扶自直。"(《荀子·劝学》）蓬是风吹就倒了，麻则长得很硬很直，蓬长在麻里面，不用扶自然就直了。孟子重视习惯，他认为后天环境可以造成特定的结果。有时候会觉得孟子对那些政治领袖实在缺乏尊敬，经常把他们比喻得很不堪。政治领袖需要自觉，但是他号令全国，有无比的权力，实在很难自觉。就某种意义来说，我们比那些当国君的人幸福多了。因为我们的人生可以全面开展，而国君的人生却永远陷在权力的旋涡里。

孟子在与齐宣王对话时，还提到“不去做”与“不能做”的差别。孟子说：“挟太山以超北海，语人曰：‘我不能’，是诚不能也。”用手臂夹着泰山跳过北海，这是真的做不到。“为长者折枝，语人曰：‘我不能’，是不为也，非不能也。”“枝”与“肢”通用，折枝是劳动手脚为人服务。有年长的人过来，却不愿意劳动手脚为他服务，还说“我办不到。”这是不去做，而不是不能做（《孟子·梁惠王上》）。不能做是受到外在条件限制，不去做则是自己没有意愿。人生就在于把被动变成主动，孔子也如此教导学生，如何把被动变成主动，自己做主，实现礼的规范，这是我对“克己复礼”的诠释，如此生命就有其力量，可以自己走上该走的路。

我们举了好几个比喻：“五十步笑百步”“缘木求鱼”“一曝十寒”“杯水车薪”“见牛未见羊”“迁于乔木”“何待来年”“三年之艾”“鱼与熊掌”，再加上“不为与不能”十个，像这样使用的比喻，《孟子》里至少有五十个，可以启发我们善用比喻、如何与人谈话。老子也常用比喻，他说：

“飘风不终朝，骤雨不终日。”（《老子·第二十三章》）强风不会吹整个早上，暴雨不会下一整天，比喻虽然天长地久，但天地也有不能长久的时候，自然生态一定是物极必反，保持平衡。最近天气很热，不要急，热到极点就慢慢凉爽了；最近很冷，忍耐一下，冷到极点就开始温暖了；与人相处，已经过了最坏的阶段，接着就是倒吃甘蔗、渐入佳境。这些都是善用比喻。

第三讲：创造新的格言

齐宣王与孟子多谈几次之后，也懂得一些说话技巧。齐宣王问："商汤放逐夏桀，周武王讨伐商纣，有这些事吗？"孟子回答："史籍上有这样的记载。"齐宣王说："臣子杀害国君，这样做可以吗？"孟子说："破坏仁德的人称作贼害，破坏义行的人称作残酷；残酷贼害的人称作独夫。我只听说杀了独夫商纣，没有听说杀了国君啊！"(《孟子·梁惠王下》)

孟子明知齐宣王希望他说些别的话来缓和紧张情绪，但他居然如此回答，亦即不做一个好国君，下场可能差不多。孟子说话很有技巧，善用归纳法将不同时空发生的事件整合起来，找到一个普遍的原理，再做进一步的推论。孟子对齐宣王说："假如大王有个官员，把妻小托付给朋友照顾，自己前往楚国游历，回来时却发现妻小在受冻挨饿，对这样的朋友应该怎么办？”齐宣王说：“与他绝交。”孟子说：“司法官不能管好他的下属，应该怎么办？”齐宣王说：“撤换他。”孟子说：“一个国家治理不好，应该怎么办？”齐宣王却转头去看左右两边，谈起别的事情了。（《孟子·梁惠王下》）

自我修养：反求诸己，绰绰有余，通权达变

孟子发明的格言很多。譬如人要不断地修养自己，要像那学习射箭的人：“仁者如射：射者正己而后发；发而不中，不怨胜己者，反求诸己而已矣。”（《孟子·公孙丑上》）行仁的人有如比赛射箭：射箭的人端正自己的姿势再发箭；如果没有射中，不抱怨胜过自己的人，而要反过来在自己身上寻找原因。

孟子说：“爱护别人，别人却不来亲近，就要反问自己仁德够不够；治理别人，别人却不上轨道，就要反问自己明智够不够；礼貌待人，别人却没有回应，就要反问自己恭敬

够不够。行为没有得到预期效果，就要反过来要求自己，自身端正了，天下的人就会来归附。《诗经·大雅·文王》上说：‘永远配合天命，自己求得更多的幸福。’”（《孟子·离娄上》）

“绰绰有余”一词有一个类似的成语。道家庄子的《养生主》描写庖丁解牛时说，刀刃很薄，而牛的骨头与骨头之间距离很宽，以很薄的刀刃刺进空隙宽敞的牛骨之间，当然是“游刃有余”。儒家孟子使用的则是“绰绰有余”。

孟子对蚳蛙说：“你辞去灵丘大夫的职位，请求担任司法官，似乎是对的，因为可以向大王进言。现在过了几个月了，还不可以进言吗？”蚳蛙向大王进谏而不被采纳，就辞官走了。齐国有人说：“孟子为蚳蛙考虑的倒是很好，他怎么为自己考虑，我就不知道了。”孟子的学生公都子向他报告这番批评之后，孟子说：“我听说过：有固定官位的，无法行使职权就该离去；有进言责任的，无法以言进谏就该离去。我既没有固定官位，也没有进言责任，那么我的行动要进要退不是宽绰而大有余地吗？”（《孟子·公孙丑下》）

齐宣王知道孟子是个人才，却不能用他，因为担心如果推行仁政，说不定还未产生效果就被消灭了。当时齐国用了孙子、田忌等人，都是精于作战，能够富国强兵的。孟子只好离开齐国。齐宣王送他上等的金子一百镒，孟子不要，陈臻请教说：“以前在齐国，齐王送您一百镒上等金，您不接受；在宋国，宋君送七十镒，您接受了；在薛国，薛君送五十镒，您也接受了。如果以前不接受是对的，后来接受就是错的；如果后来接受是对的，以前不接受就是错的。先生一定处于其中一种情况吧。”

孟子说：“我都是对的。在宋国的时候，我准备远行，对远行的人一定要送些路费，宋君说：‘送上路费。’我为什么不接受？在薛国的时候，我听说路上有危险需要戒备，薛君说：‘听说需要戒备，送上一点钱给你买兵器。’我为什么不接受？至于在齐国的时候，就没有什么理由。没有理由而送钱，那是收买我。哪里有君子可以用钱收买的呢？”（《孟子·公孙丑下》）

孟子即事说理，我们能从这个例子看出儒家卓越的智慧。淳于髡说：“男女之间不亲手递接东西，这是礼制的规定吗？”孟子说：“是礼制的规定。”淳于髡说：“如果嫂嫂掉进水里，要用手去拉她吗？”孟子说：“嫂嫂掉到水里而不去拉她，就是豺狼了。男女之间不亲手递接东西，这是礼制的规定；嫂嫂掉进水里则用手去拉她，这是变通的办法。”

淳于髡说：“现在天下的人都掉到水里去了，先生却不肯伸手，为什么呢？”孟子说：“天下的人掉进水里，要用正道去救；嫂嫂掉进水里，要用手去救。你难道想用手救天下的人吗？”（《孟子·离娄上》）这就是通权达变。

人际相处：取友必端，与人为善，守望相助

孟子提到人与人相处的时候，说了四个字：“取友必端”，也就是交友一定要找端正的朋友。逢蒙向后羿学习射箭，完全学会了后羿的技术，他想到天下只有后羿比自己强，于是谋害了后羿。孟子说：“这件事，后羿也有过错。”公明仪说：“好像没有什么过错吧。”孟子说：“过错不大而已，怎么会没有过错呢？郑国派子濯孺子侵犯卫国，卫国派庾公之斯追击他。子濯孺子说：‘今天我旧病发作，不能拿弓，我活不成了。’接着问驾车的人：‘追赶我的是谁？’驾车的人说：‘是庾公之斯。’子濯孺子说：‘我可以活命了。’驾车的人说：

‘庾公之斯是卫国善于射箭的人，您反而说可以活命，这是什么意思？’子濯孺子说：‘庾公之斯向尹公之学习射箭，尹公之又向我学习射箭。尹公之是个正派的人，他选择朋友一定也是正派的人。’庾公之斯追来了，说：‘先生为什么不拿弓？’子濯孺子说：‘今天我旧疾发作，不能拿弓。’庾公之斯说：‘我向尹公之学习射箭，尹公之向您学习射箭，我不忍心用您传授的技术反过来伤害您。但是，今天的事是国君交代的，我不敢不办。’说完就抽出箭来，往车轮上敲，去掉箭头之后，发射四箭就返身回去了。”（《孟子·离娄下》）

孟子常常提到“与人为善”，如今“与人为善”已经有偏差的含义，譬如说：“这件事情你睁一只眼、闭一只眼，与人为善吧！”但这不是孟子的意思。孟子说：“子路，别人指出他的过错，他就欢喜。禹，听到良善的言辞就拜谢。伟大的舜更是了不起，善行与别人分享，舍弃自己而追随别人，乐于吸取别人的优点来自己行善。从当农夫、陶工、渔夫，直到成为天子，没有一项优点不是向别人学来的。吸取众人的优点来自己行善，就是偕同别人一起行善。所以君子最高的楷模就是偕同别人一起行善。”（《孟子·公孙丑上》）每一个人都有优点，与人为善是从别人身上找到优点，然后自己来做，做了之后也帮助别人一起行善。与人为善的“与”，是帮助的意思，帮助别人一起行善，因为一个人行善很孤单，会有压力。舜能够吸取别人的优点而身体力行，让众人都觉得自己有价值，这样一来，也就愿意去行善了，所以，“与人为善”的含义是很深刻的。

孟子喜欢谈论古代的社会，他说：“实行仁政的，一定要从划分田界开始，田界划分不正确，井田的面积就不平均，作为俸禄的田租收入就不公平，因此暴君与贪官污吏必定要破坏田界。田界划分正确了，那么分配井田、制定官禄就轻而易举了。滕国土地狭小，但也有政府的官吏，也有耕田的农夫。没有官吏，就没有人来治理农夫；没有农夫，就没有人来供养君子。我建议：在郊野用九分抽一的助法，城市就十分抽一，让他们自行纳税。卿以下的官吏一定要有供祭祀的圭田，每家五十亩，家中未成年的男子另给二十五亩。丧葬或搬家都不离开本乡。共一井田的各家，出入互相结伴，防盗互相帮助，有病互相照顾，那么百姓之间就会亲近和睦。每一方里的土地定为一个井田，每一井田九百亩地，中间一块是公田。八家各有一百亩私田，并且共同耕种公田。公田农事做完，然后才敢做私田的事，这就是区别官吏与农夫的办法。”（《孟子·滕文公上》）社区能够“出入相友，疾病相扶持”，所以“守望相助”对我们来说是很重要的。

再看一段孟子与国君谈音乐的事。齐宣王召见孟子，孟子说：“大王曾经对庄暴说过爱好音乐，有这回事吗？”齐宣王脸色一变，说：“我不是爱好古代圣王的音乐，只是爱好世俗流行的音乐罢了。”孟子说：“大王如果非常爱好音乐，齐国大概就可以平治了！现在的音乐与古代的音乐是一样的。”齐宣王说：“可以说来听听吗？”孟子说：“独自欣赏音乐的快乐，比起同别人一起欣赏音乐的快乐，哪一种更快乐？”齐宣王说：“不如同别人一起。”孟子说：“同少数人一起欣赏音乐的快乐，比起同多数人一起欣赏音乐的快乐，哪一种更快乐？”齐宣王说：“不如同多数人一起。”（《孟子·梁惠王下》）音乐的作用就是透过旋律、曲调、和声，使听者产生和谐的心情。音乐可以调节平凡无趣的日常生活，让人感受审美的生命情调。孟子说：“独乐乐不如众乐乐。”强调人际之间可以和睦相处。

积极人生：心悦诚服，手舞足蹈，兼善天下

孟子在倡导仁政时，特别以孔子为例，说弟子们对孔子“心悦诚服”。孟子说：“凭借武力来号召行仁的是称霸，称霸必须具备大国的条件；凭借道德来努力行仁的是称王，称王不必要有大国的条件：商汤以纵横各七十里的土地，周文王以纵横各一百里的土地，就称王了。凭借武力使人服从，别人不是真心服从，而是力量不够；凭借道德使人服从，别人内心快乐真正顺服，像七十多位弟子顺服孔子一样。《诗经·大雅·文王有声》上说：‘从西从东，从南从北，四方无不顺服。’说的就是这事。”（《孟子·公孙丑上》）

孔子过世后，许多学生在孔子墓旁盖房子守丧三年，因为他们心悦诚服。如果他只是个平凡人，没有特殊的人格修养，让学生有如春风化雨般的感受，恐怕学生就不会这么做了。子贡后来还继续守了第二个三年之丧，就是因为心悦诚服（依荀子说法，三年之丧是二十五个月）。

孟子说："仁德的实质是侍奉父母；义行的实质是顺从兄长；明智的实质是知道这两者是人不能离开的；守礼的实质是对这两者加以调节与文饰；音乐的实质是由这两者得到快乐，快乐就这样产生了；快乐一产生就抑制不住，抑制不住就会不知不觉地手舞足蹈起来。"（《孟子·离娄上》）所以一个人高兴的时候，我们常用"手舞足蹈"来形容。

其实尧舜之道就是"孝悌"，孟子多次提到能孝顺父母、友爱兄弟姊妹，就是尧舜之道。孟子说："老吾老以及人之老，幼吾幼以及人之幼。"（《孟子·梁惠王上》）这句话我们至今仍奉行不悖。从孝悌推广出去，代表从人的生命最基本的范围开始，这种做法来自人性向善的观念。音乐的"乐"与快乐的"乐"是同一个字，这是古人的智慧，演奏音乐代表快乐，一旦快乐起来就停不下来，"不觉足之蹈之，手之舞之"。手舞足蹈的基础，在于做到了仁、义、礼、智、乐这五种要求。所以，儒家思想描写艺术、音乐、舞蹈，都是出于人性向善的力量，目的都是希望人坚持行善。

人生在世，如果做到善，就有了基本的立足点。书念得再好（求知或求真）、音乐艺术表现得再优秀（审美），如果没有站稳善的立足点，从孝顺父母开始做起，则生命本身还是有缺陷的。儒家重视教育，也肯定音乐欣赏，要培养生活的审美情操，但这一切的基础都在于善，有了善这个稳定的条件，求真、审美，就有依靠了。

道家则不一样。道家对于“善”始终保持怀疑的态度，因为善是做不完的，并且善是相对的，有时甚至可以伪装。道家强调真实，真实与美感可以直接结合。儒家为什么连“手舞足蹈”都要牵涉到仁义礼智，原因就在于人的生命离不开善的基础。

孟子知道一般老百姓希望读书人多做一点事。孟子自述游说诸侯时的心境：“崇尚品德、爱好义行，就可以悠然自得了。”所以，士人穷困时不放弃义行，显达时不背离正道。穷困时不放弃义行，所以士人能保住自己的操守；显达时不背离正道，所以百姓不会失望。古人得志时，恩泽广施百姓；不得志时，修养自己立身于世。穷困时，努力使自己趋于完美；显达时，就使天下人一起走向完美。（《孟子·尽心上》）这即是“穷则独善其身，达则兼善天下”。

对于女性的看法，孔子曾说：“唯女子与小人为难养也，近之则不逊，远之则怨。”（《论语·阳货》）指的是女子与小人很难相处。对他们太好，就骄傲；远离他们，则抱怨。

而当时的女子因为没有受教育的机会，没办法开发潜能，经济上也无法独立，只能依赖他人生存，这是古代社会的环境使然。如今只能说“唯小人为难养也”，而此时所谓小人则包含女子在内。这样说比较公平。

孟子说：“男子举行加冠礼时，父亲教诲他；女子出嫁时，母亲教诲她，送她到门口，告诫她：‘到了夫家，一定要恭敬，一定要谨慎，不要违背丈夫！’把顺从当作正途，是妇女遵循的原则啊。居住于天下最宽广的住宅，站立于天下最正确的位置，行走于天下最开阔的道路；能实现志向，就同百姓一起走上正道；不能实现志向，就独自走在正道上。富贵不能让他耽溺，贫贱不能让他变节，威武不能让他屈服，这样才叫作大丈夫。”（《孟子·滕文公下》）

另外，孟子提到贱丈夫，他说：“古代经商的人，以自己有的去交换自己没有的，由相关部门的官吏去管理。有个卑鄙的男人，一定要找块高地站上去，向左右两边张望，企图搜括市场的利益。人人都认为他卑鄙，于是抽他的税。对商人抽税就是从这个卑鄙的男人开始的。”（《孟子·公孙丑下》）贱丈夫赚了钱之后，在田埂上站得高一些，看看哪里还有利益；大丈夫则是“富贵不能淫，贫贱不能移，威武不能屈”，两者真是千差万别。

孟子有时候也被人质疑、批评。公孙丑说：“《诗经·魏风·伐檀》上说：‘不白白吃饭啊。’可是君子不耕种却也吃饭，为什么呢？”孟子说：“君子住在一个国家里，国君任用他，就能带来安定、富足、尊贵、荣耀；青少年跟随他，就会孝顺父母、尊敬兄长、办事忠心、讲求诚信。‘没有白白吃饭啊’，什么功劳比他的更大？”（《孟子·尽心上》）哪一个国家不喜欢“安定、富足、尊贵、荣耀”？孟子能做到，儒家能做到，至少他们相信自己做得到这一点，至于是否真能做到，当然还需要各种条件的配合。

孟子也善于批评当时的风气。他在齐国待了很久，说过一段故事。齐国有个人，家里有一妻一妾。做丈夫的每次出门一定吃饱了酒肉才回来。妻子问他一起吃喝的是些什么人，他说都是有钱有势的人。妻子对妾说：“丈夫每次出去，一定吃饱了酒肉才回来，问他同谁一起吃喝，他说都是有钱有势的人。可是从来没有显贵的人来过我们家，我打算暗中察看他去什么地方。”第二天一早起来，她就偷偷跟在丈夫后面，走遍全城没有一个人停下来同她丈夫说话。最后走到东门城外的墓地，见他走近祭扫坟墓的人那里，讨些剩余的酒菜吃，没吃饱，又四处张望再去别处乞讨，这就是他吃饱喝足的办法。妻子回到家里，把情况告诉了妾，并且说："丈夫是我们仰望而终身依靠的人，现在他竟成了这样！"说完就同妾一起嘲骂丈夫，在庭院中相对而泣，做丈夫的还不知道这一切，回来时仍然得意扬扬，以骄傲的神色对待妻妾。由君子看来，人们用来追求升官发财的方法，能使他的妻妾不感觉羞耻、不相对而泣的，实在是太少了啊。（《孟子·离娄下》）

孟子讲的不只是一则寓言、一个故事。人当然要追求富贵功名，但手段要正当，因为人格的尊严更可贵。我们要记得，学习儒家之后如何处世？维护人格尊严，冠冕堂皇而光明正大。如果卑躬屈膝，忘记自己的人格尊严，欺上瞒下取得利益还很骄傲地向人炫耀，那就太可耻了。然而这种毛病很容易出现，我们也难免有类似的想法与做法。记得以前回到父母家，我总是吹嘘在外面如何如何，还好父母不见怪，总以慈爱的眼光看着我，也显得很高兴。年纪渐长我才发现，如果所做的事对社会有益，又能尽心去做而问心无愧，才是最重要的。

学习孟子的思想，有如多了一面镜子映照自己。真正学会孔孟之后，这镜子看起来是很清楚的。学习老庄，心中也会有一面镜子，可以照见所有的东西。儒家的镜子可以照见自己，道家则用来照见别人。孟子使用各种寓言、格言、比喻讲了很多有趣的故事，他所要说明的，是每一个人都有其生命价值，所以要珍惜生命。有个国君厨房里有肥肉，马厩里有肥马，却让百姓在路上饿死，这即是“率兽食人”。

孟子强调每一个人的生命都有同样的价值，因此他反反复复对那些权贵直言谏诤、批其逆鳞，希望这些逆耳忠言能让统治者尊重每一个人。像民本、尊重人权等思潮，其实早已存在于儒家思想里了。中国文化的可贵之处就是儒家展现的人文精神，强调在尊严与价值上人人平等，每一个人的生命都值得重视。但值得重视的主要不在于他是一个人，更在于他可以受教育，受了教育之后，懂得人生道理，然后知道要修养言行，让自己成为一个值得尊敬的人。

孔子说：别人不了解我，不必生气，我要问自己够不够资格让别人了解；别人不了解我，没有关系，我不了解别人，才需要担心。孟子肯定人的生命，但同时提醒人还要往上提升，透过教育不断自我修行，培养浩然之气。孟子思想的独特之处在于他的修养如何达到浩然之气，以及他对人性的理解，从人性向善到择善固执、止于至善。

最后，孟子所谓的“大丈夫”有何特色？做任何事都能找到正当方法，对自己与别人能够承担责任，面对生活条件的改变，如富贵、贫贱、威武，都知道该怎么做、该坚持哪些原则。经过外在的检验及洗练之后，才能觉知自己的内在，是真金还是掺了杂质的金。孔子过世之后，弟子守丧三年准备离去，走进子贡住处作揖告别，相对痛哭后才各自回家。子贡又回到墓地重新筑屋，独居三年。一段时日之后，子夏、子张、子游认为有若的言行举止很像孔子，就想用侍奉孔子的礼节去侍奉他，并且勉强曾子同意。曾子说：“江汉以濯之，秋阳以暴之，皜皜乎不可尚已。”曾子说：不行，我们老师有如经江水、汉水洗涤过，盛夏的太阳暴晒过，洁白明亮无以复加了！（《孟子·滕文公上》）也就是说，没有人比孔子更洁白更明亮。儒家相信：人人心中有孔子、人人心中有孟子。能领悟他们的生命精神，就会肯定人的价值与尊严由内而发。

主题二：性善不是幻想

第一讲：理解人性的关键

孟子有关人性问题的讨论是既专业又深刻的。自古以来，人们总是会关心什么是人性。即使如此，也未必能得到共识，不同宗教的人性观就各有所见。哲学是对人生经验所做的全面反省，在判断人的各种行为时，都需要有个标准，但标准是谁定的，又要由谁来做判断，则很难有普遍的答案。不同的时代、不同的社会，对于同一行为的评价，经常会有善恶混淆的情况。

为什么对人类要分辨善恶呢？因为人有自由。自由是人类与其他生物显示最大的差别。人类之外的生物，都是靠本能活着，从生存、繁殖，到行动模式，都可以预测。驯兽师驯服凶猛的野兽，让它们表演给人看，但却无法保证它们不会露出本性。很多驯兽师就死在他所驯服的野兽爪下或口中。

他们其实知道自己只能暂时压制动物的本能。

西方有一位画家，想画一系列耶稣的生平故事。他找了一个外表纯洁可爱又天真善良的人，当作耶稣刚传教时所遇到的年轻人。画家很喜欢这个年轻人，对他说：“回去把家产变卖了，来跟随我吧！”年轻人家里很有钱，不愿意这么做，就离开了。

事隔多年，画家要画《最后的晚餐》。耶稣有十二个门徒，出卖他的叫犹大，他找到担任犹大的模特儿。结果，画到一半这个人哭了，别人问他原因，他说：“我就是几年前的那个年轻纯洁的模特儿。”几年之内，他从一个纯洁可爱、天真善良的年轻人，变成一个面目狰狞、作恶多端的人。这就是真实人生的一幕。当然，有些人误入歧途，后来改过迁善。人的可贵就在于具有高度的可塑性，好的时候像天使，坏的时候比魔鬼还可怕，这全是因为人有自由。

人有本能之外，还有思考、选择、判断的能力，几乎可以做任何事情。不过重要的不是做了什么，而是后果能否负责？是行为所产生的效果称为善恶，还是行为的动机称为善恶，这是很复杂的问题。西方哲学家讨论人性时，总先分析人类社会的现象。有什么样的人性，才会表现什么样的社会现象。但我们看得到现象，却看不到人性。因此，了解人性就变得很困难，需要特别的洞见。

基督宗教相信人有原罪，用此解释人间的罪恶。如果人有原罪、人性毁坏了，那么如何行善呢？基督宗教认为，信上帝就可以行善了。佛教认为人生的烦恼都来自执着，把假的当成真的，把错的当成对的。所以佛教说缘起性空，只要觉悟没有自我，就不会有自我的执着。佛教认为人若觉悟就不再轮回，不过这个门槛非常高。有一位佛教高僧说二十世纪的一百年里，能够觉悟而不再轮回的，只有三四个人。

宗教有这一类说法，哲学家则不然，哲学家首先重视经验。譬如，主张人性是一张白纸，社会则是个大染缸，“染于苍则苍，染于黄则黄”（《墨子·所染》）。但这种说法说服力不够，如果后天环境是决定一个人善恶的主因，那么人应该为自己的行为负责到什么程度呢？

先不要想象人有绝对自由，绝对自由或完全的自由是个抽象概念，根本不切实际。自由只存在于人的能力所及的范围里，如果没有这个范围，自由是空洞的；有了这个范围之后，则要看以什么规则来运作。所以儒家谈到教育，就不可能说人性本善；倡言人性本善与主张人有原罪，这两者基本上没有差别，都是先设定人生来就有某种道德价值，不论其为正面或反面。可是，人之初生，尚未经过自由选择也尚未付诸具体行动，又哪有善恶可言？

近代以来，西方学者强调“善不能定义”。什么是善？善即是恶的反面；什么是恶？恶就是善的反面。这是无效的循环论证。西方社会经过一千多年基督宗教的陶冶，使他们相信人是软弱的，所以制定法律时也预先假设人会犯错，所以要用各种法律来加以限制。但是人一旦上了法庭，就要做“无罪推定”，亦即未经审判前，先推定被告无罪，除非能证明他有罪。西方社会认为“宗教是道德的基础”，一个人行善，是因为信仰宗教，无论世间有无善恶报应，到了死后总是会有报应的。

西方哲学史上公开说过人性本善的，只有卢梭一人。他说的也是假设命题，他认为原始人与动物一样，没有行善的必要，也没有为恶的可能。如果人们没有私产观念，肚子饿了看到水果就摘来吃、口渴了看到水就直接喝。但是一有私产观念，树上的水果就不能随便吃了。他认为，人类社会的罪恶，就是从人们有了私有财产之后才演变出来的。西方哲学家谈到人性，有时会直接用宗教的说法来解释，因为人性属于本体层次的问题，用一般语句很难说清楚。

孟子专门挑战这种最严格、最复杂的问题。如果不说清楚人性，就很难回答为什么人要行善避恶。这样如何创办教育呢？如果人没有接受教育，难道就不能为善吗？人以外的生物只有本能，生下来是什么就是什么，猫无论如何都不可能变成狮子。不过，教给一个人正确的观念，真的可以引导他走上正途。没有人会否认后天习惯与环境的力量。美国行为科学派的心理学家发出豪语说，把一个婴儿交给他们，将来可以让他成为圣徒，也可以让他成为匪徒。但这种说法未必正确。行为科学派的心理学家的做法，是制造各种情境，以制约人的反射动作，由此形成人的某种性格，但这未必可以成立。对一般动物也许可以如此，但却无法控制或掌握一个人。有人说“苦媳妇熬成婆”，有两种可能的发展：一、心存报复，虐待自己的儿媳妇；二、将心比心，儿对媳妇特别好。如果依行为科学派的观点来看，第二种情况就违背规则了。因为人类不是一般的生物。

《论语》正式谈到人性的，只有一句话。《论语·阳货》篇里，孔子说：“性相近也，习相远也。”宋朝哲学家程颐、朱熹等人主张人性本善，就认为孔子此处说得不够清楚，应该说“性相同”。不过孔子并未明言人性本善。宋朝学者把人性分为两种：一种是天地之性，或称天理，当然是善的；另一种是气质之性，即人生下来之后，身体的本能欲望所造成的特质，叫作气质。但是你见过没有身体或气质的人吗？孔子说“君子有三戒”，所指的就是血气问题，因此人性不可能是本善的。善是一种德行，任何德行一定是透过自由选择的行动才能呈现。人一出生就说他本善，是没有意义的，因为找不到对照的参考点。生下来就具备的，不叫价值，而是事实。所以西方学者认为，不能说一个人生下来是善或是恶，如果这么说，那就是宗教信仰。

孔子说性相近，是因为他知道人性不是本善的。学习儒家，应该要本着孔子、孟子的思想。程颐、朱熹的思想无法讲明白为什么人间会有罪恶，而后发展到王阳明，他的学生甚至说满街都是圣人。宋朝学者主张人性本善，主要是为了回应佛教的挑战。佛教的理论建构非常完备，从三论宗、天台宗、法相唯识宗，一路到华严宗与禅宗。佛教的基本教义是性空，宋朝学者则认为性不能空，一定要实，既然孟子讲过“性善”，所以就顺势肯定人性本善了。

几希：人与禽兽之异，在心不在身

孟子说，“人之所以异于禽兽者几希”（《孟子·离娄下》），人类与禽兽的差别只有一点点。他说：“庶民去之，君子存之。”换句话说，一般百姓把这一点点差别去掉，就与其他生物没有什么不同了，君子则保存了这一点点差别，因而成为君子。他举舜做例子。舜年轻时住在深山里，同树木、石头一起居住，与野鹿、野猪一起游玩，和深山里的野人（淳朴单纯的老百姓）差别也是“几希”。但是，舜后来听到一句善的话、看到一件善的行为，内心忽然产生很大的力量，汹涌澎湃不能阻挡，然后就去行善了。这说明，要看到善的行为、听到善的言语，才会引发内心的力量。所以人与禽兽的差别，在于人听到善的言语、看到善的行为，内心会有一种力量自动引发出来，让我们去效法，效法之后的言行表现才可以称为善。

学习孟子，要清楚了解此处所说的善，是指行为。如果善指的是行为，就没有理由再主张人性本善，因为行为是要具体做出来的，与人性本善的想法根本无法兼容。这是了解孟子思想的关键。孟子把人的身体当作小体，人的心当作大体，小代表次要，大代表重要。身体为什么是次要的？因为动物也有身体。所以，重要的是人有一颗心。人的心可以思考、反省、选择、行动。但是，心有时候会不知不觉跟着身体走。心如果自觉反思，就知道自己不能跟着本能走。孟子说："养其小者为小人，养其大者为大人。"（《孟子·告子上》）小人只注意到身体的需求，吃饱喝足，每天好好过日子，不去思考；大人则常常在问人生怎么做才对，该如何与人相处，忖思这些问题，就是"养其大者"。所谓大人，是就德行完备的人格来说；而小人是就他没有志向来说，人生就只是过日子而已。如果想了解人性，一定要从人与动物的差别来看。人有身体，动物也有，这显不出人的特色。两者的差别在心不在身。把握住这个差别的，就是君子；反之，则是小人。

孟子对人充满信心，但教学并不容易。当时有不少人也想向他学习，不过似乎脑袋不太灵光。曹交请教说："每个人都可以成为尧、舜，有这样的说法吗？"孟子说："有的。"曹交说："我听说周文王身高十尺，商汤身高九尺，现在我有九尺四寸高，却只会吃饭，要怎么办才好？”孟子说：“这有什么困难？只要去做就行了。如果有个人，力气提不起一只小鸡，那他就是没力气的人；如果说能举起三千斤的东西，那他就是有力气的人。既然如此，只要能举起乌获举过的重量，也就可以成为乌获了。一个人要担心的，难道是不能胜任吗？只是不去做罢了。慢慢跟在长辈后面走，叫作悌；快步抢在长辈前面走，叫作不悌。慢慢走，难道是一个人不能做到的吗？不去做罢了。尧、舜的正途，不过是孝与悌而已。你穿上尧所穿的衣服，说尧所说的话，做尧所做的事，这样就成为尧了。你穿上桀所穿的衣服，说桀所说的话，做桀所做的事，这样就成为桀了。”曹交说：“我准备去谒见邹君，向他借个住处，希望留在您的门下学习。”孟子说：“人生正途就像大马路一样，怎么会难懂呢？只怕人们不去寻找而已。你回去自己寻找，老师多得很呢。”（《孟子·告子下》）孟子要曹交真诚面对自己的内心，老师就是自己的心。他的意思是：只要真诚，内心就会告诉自己该怎么做。但是孟子从曹交提出的问题，大概知道这个人不容易明白深刻的道理。事实上，真诚固然重要，老师的教导也是不可或缺的。

良知良能：人“能”知善与行善

很多人把孟子的人性论理解为本善，因为孟子说过“良知良能”：“人不经学习就能做的，那是良能；不用思考就知道的，那是良知。年幼的孩童，没有不知道要爱慕父母的；长大以后，没有不知道要敬重兄长的。爱慕父母，属于仁德；敬重兄长，属于义行；这没有别的原因，因为这两种品德是天下通行的。”（《孟子·尽心上》）

良知是善的吗？其实良知不是善的，良知是对善的要求。注意“要求”两字，人有良知，代表有对善的要求，良知只要清明，要求就会由内而发；只要真诚，要求由内而发，就能主动行善。相反地，就算人有良知，但还是会做坏事，这就是昧着良知，糊里糊涂。因此“良知良能”本身不是善的，而是对善的要求。孟子认为，人有选择能力，这个能力会引导人行善，这才是人性根本的意义。我研究儒家几十年，最大的发现就是“人性向善”。“向”是力量，人生在世，有一种力量由内而发，这个力量称为“向”，前提是必须真诚，如果不真诚，力量不会出现。糊里糊涂过日子，哪里有力量呢？想吃就吃、想喝就喝，看到人何必客气呢？但如果真诚，看到人都会想用适当的方式同他来往，这就是力量由内而发，要求自我做该做的事，也就是孟子的思想。

人性看不到、摸不着，用言语也不容易解释，只好使用比喻。孟子最喜欢的比喻是火开始烧，水开始流。火向上烧，水向下流。他还有一个更生动的比喻:“兽之走圹”（《孟子·离娄上》），野兽在旷野奔跑，仁政能使百姓像野兽在旷野奔跑一样，归向那位好国君，这都是因为人性向善。水开始往下流，火开始往上烧，都是在描述一种力量。由此可知人性是动态的，而非静态的，人性是具有某种可能性、某种力量的。

很多人问，向善固然说得通，向恶好像也说得通。请大家思考一下。假设有个人在晚上自省，这一天竟然没有打人、骂人、杀人放火，心里觉得很难过，这表示人性向恶。也有人在晚上自省，今天没有孝顺父母、友爱同学、尊敬师长，心里觉得很难过，这表示人性向善。请问哪一种是正常情况？当然是人性向善。不能因为社会上有坏人，出现几个负面例子，就证明人性向恶，而应该以多数平凡人为标准。哲学思考的困难就在这里，要以正常作为标准，才能解释例外；如果以例外作为标准，终究是无法说清楚的。因此关键在于心里安不安、忍不忍。孔子谈三年之丧，强调心里安不安？孟子问，看到别人受苦，心里忍不忍？看到别人受苦而毫无感觉，孟子说这是“非人也”。孟子是哲学家，他洞见（insight）人性里面是什么，看到里面之后，才不会对人失望。有些人接触的环境可能是坏人比较多，做坏事也没有不安之感，因而觉得人生好像不必上进。但他内心也许对这些人与这些作为不以为然，这代表一个转机。事实上，很多人做了坏事以后，内心不安，他们赚了黑钱，就捐给功德会、宗教团体，不敢具名，让心里好过一些，这代表人性还是向善的，所以不要对人性失望。

人无教育，则近于禽兽

孟子身为老师，只有自暴自弃的人他不愿教。自认是坏人，不能行善、行仁、行义，就是自暴自弃者。西方学者谈人性，有的会赞成结果论，亦即做一件事有好的结果，就认为那是善的行为。但结果好就表示那是善行吗？对谁好？能好多久？哪一个坏人不是从小的坏事做起，如果没有转折点，恐怕要改变很难；同样地，人行善也是从小事开始，所谓“勿以恶小而为之，勿以善小而不为”（刘备告诫儿子的话）。孟子的思想很合理，他不只认为人性向善，还强调后天习惯的养成、环境社会的影响。我们对孟子的误解，来自《孟子》一书编辑的顺序，《梁惠王》《公孙丑》《滕文公》，前三篇谈实际的政治情况与经济改革，但是政治、经济容易过时，农业生活、封建社会离我们太远了。今天的人有充分的自由与自主，可以选择自己的生活方式，因此读《孟子》前三篇会觉得与我们无关。但从《离娄》《万章》，到《告子》专门谈人性，就会发现其中的思想超越了特定的时代与社会，而与每一个人的自我抉择有关。

告子这个人在《孟子》书里相当重要，告子说的“食色性也”（《孟子·告子上》），常被误认为是孔子说的，这真是遗憾。我在美国念书时，利用周末去逛书店，有一次在书店门口看到很多书签，其中一张就写着这句话，还译成英文“Confucius said, eating and sex are human nature”。当时我应该买下来作为证据。这句话是表面的描写，只把人看成动物的一种，显然无法凸显人的特色。

告子和孟子辩论了好几次，有一次告子说：“人性就像杞柳，义行就像杯盘；以人性去做到仁德义行，就像以杞柳去做成杯盘。”孟子说：“是顺着杞柳的本性去做成杯盘，还是要伤害它的本性去做成杯盘？如果要伤害杞柳的本性去做成杯盘，那么也要伤害人性去做到仁德义行吗？带领天下人去毁损仁德义行的，一定是你这种说法啊！”（《孟子·告子上》）

杞柳是一种树的枝条，很柔韧，古人把这种枝条卷好之后上漆，做成器具。告子认为让人行仁义，就好像把这种枝条做成杯盘，太勉强了。于是孟子问他，请问：把杞柳的树枝拿来做成杯盘，是顺着树枝的本性，还是戕贼、伤害它的本性？以此来思考：人行善是顺着本性，还是违背本性？如果要违背本性才可行善，那么何必叫人行善？如果行善是顺着人性，那么有什么不对呢？如果顺着树枝的本性做成杯盘，树枝不会反对，并且对人类也有用；如果还得用火烧、用刀子砍，慢慢折磨枝条才做成杯盘，那就太痛苦了！

如何理解人性？这在古今中外都是个难题。人性本来就很复杂，所以孟子要用各种比喻回答这个问题。若说人性向善，为何我常常会想做坏事？若说人有原罪，为何我早上起来感觉良知清明，想做好事？每个人都有各种复杂的、矛盾的经验，但哲学家却不能因而说“善恶相混”，或主张人性有善有恶。所有对人性的看法，最后都要回到一个问题：为何人应该行善避恶？先不问如何界定善恶，若不了解人性就无法回答这个问题，而只能从外加以限制。若从外加以限制，而使许多人阳奉阴违，最后整个社会将会瓦解。因此孟子从正面思考人性问题，他指出：了解人性的关键在于心，人心有四端，只要从四端去了解，就知道何谓人性向善。

第二讲：心之四端

孟子谈人性，提出“心之四端”，就是每一个人的心都有四种开端，有如四种萌芽等着去发展。真诚自觉是关键。“乍见孺子将入于井”，假如忽然看见一个小孩快要掉到水井里，所谓“忽然看见”，表示事先没有心理准备，自然会产生“惊恐怜悯”的心。一方面很惊恐，小孩子快掉到水井里了；另一方面很怜悯，真是不忍心看到这种事情发生，这时要自问，为什么会有这种惊恐怜悯之心呢？不是想借此和孩子的父母攀结交情；不是想在同乡里博取好名声；也不是因为讨厌听到小孩万一掉进水井后的哭声。没有任何动机，人就是自然会涌现惊恐怜悯之心。

真诚自觉：乍见孺子将入于井

西方对这些问题有类似的讨论。店家在门上贴“童叟无欺”，有两种可能：第一，为了以后生意长长久久，所以童叟无欺是手段、方法，为了让生意更好；第二，真正相信应该童叟无欺，不是为了任何目的，童叟无欺是一种道德法则，应该遵守。第二种说法接近孟子的想法，不为任何目的，而是本应有这样的反应。

美国一位教授主张人都是利己的。他反对利他，觉得利他太不自然了，帮助别人是否有别的目的呢？有一天他走在街上，听到路边一个乞丐大声喊：“可怜我吧，给我钱吧！”声音很凄厉，教授就掏了几美元给他，他的学生看到这一幕，立刻上前说：“老师主张利己主义，刚才为什么把钱给乞丐呢？”教授说：“我还是利己，因为他的叫声太难听、太可怕了，想叫他闭嘴就只好把钱给他。”这正好异于孟子假设的第三点，“因为讨厌听到小孩的哭声才惊恐怜悯”，而这种说法属于效益主义，与儒家大异其趣。不过，西方学者也要求言行合一，不能上课时说人是自私的，出了教室后到处帮助别人，那不是言行矛盾吗？

我们今天对孟子所举的“乍见孺子将入于井”的例子没有深刻的印象，因为现在找不到水井了。所以要从一般情况来说，即使看到不认识的人遇上危险或受苦，心里就觉得不忍，这是人类的天性。亚里士多德在《诗学》里谈到悲剧的目的，就是要引发一个人的恐惧和怜悯之心，因为这两种心是最自然的，和孟子所讲的类似。看到一个人受难，若不怜悯他，自己就有同谋的嫌疑，因为只有同谋的人才希望看到他受难。什么是恐惧呢？发生在别人身上的事，也可能发生在我身上，像许多不可知又无奈的命运，确实让人恐惧。孟子和西方文化没有任何的交流，他从对人性的观察也可以看到这些。

心之四端：恻隐、羞恶、辞让、是非

孟子所谓良知的要求，要从心之四端去理解。四端是：一、恻隐之心，就是怜悯心，看到别人受难，心里觉得同情；二、羞恶之心，羞是害羞，恶是厌恶，看到坏事觉得可耻与厌恶；三、辞让之心，推辞礼让，看到有德者或长辈就推辞礼让；四、是非之心，在判断是非对错时，每个人心中都有一把尺。“恻隐之心”“羞恶之心”“辞让之心”“是非之心”即是心之四端。这四端像是心的四个箭头，端看碰到什么情况而发出来。孟子说，一个人心中有四端，就好像他有四体。但孟子并没有说，人有仁义礼智，就好像有四肢一样。仁义礼智是四善，是由心之四端扩充发展实现而成的。

善是仁义礼智，而人性只有四端。端就是开始、萌芽，有了四端，才能做到仁义礼智。孟子主张仁、义由内而发，告子主张仁由内而发，义由外而来，他们展开了辩论。告子说：“食欲与性欲是人的本性。仁德发自内在，不是外因引起的；义行由外因引起，不是发自内在的。”孟子说：“凭什么说仁德发自内在而义行是外因引起的？”告子说：“我尊敬长者，不是我预先就有尊敬长者的念头；就如一样东西是白的，我就认为它白，这是由于白显露在外，所以说是外因引起的。”

孟子说：“白马的白，与白人的白没有区别；但不知道对老马的尊敬，与对长者的尊敬也没有区别吗？再说，所谓义行，是在于长者呢？还是在于尊敬长者的人呢？”告子说：“是我的弟弟，我就爱他；是秦国人的弟弟，我就不爱他，可见这由我来决定，所以说仁德是发自内在的。尊敬楚国人中的长者，也尊敬自己的长者，可见这由长者的关系来决定，所以说义行是外因引起的。”（《孟子·告子上》）

最后孟子用非常落实的比喻反问告子：“爱吃秦国人做的烧肉与爱吃自己做的烧肉，是没有什么区别的，其他事物也有这种情况。那么，爱吃烧肉也是外因引起的吗？”孟子常说：“饥者易为食，渴者易为饮。”重要的不是外面有什么好吃的，而是你有没有食欲这种需要，需要是由内而发的。孟子认为义行与仁德一样，都是由内而发，譬如，尊敬长者的心思是内在的，而判断谁是长者则是外在的，若无内在，则外在只是伪装与作秀而已。我们又怎么会把伪装与作秀看成义行呢？反之，以内在为基础，表现于外则是适当的义行了。

支持告子的学者孟季子，也和孟子的学生公都子辩论。孟季子认为义行是外因引起的，而不是发自内在的，“例如人在与自己的大哥和乡里的长者一起饮酒时，虽然内心尊敬大哥，但还是会先帮长者斟酒。”公都子回来请教孟子该如何答。孟子就用弟弟担任受祭的代理人时，因为处在该受尊敬的地位，所以被人尊敬。孟季子听说了这番话，就说：“该尊敬叔父时就尊敬叔父，该尊敬弟弟时就尊敬弟弟，可见义行果然是外因引起，不是发自内在的。”公都子说：“冬天要喝热水，夏天要喝冷水，那么饮食也是外因引起的吗？”这当然不是由外在情况决定的，而是先口渴才需要喝水。

说到儒家的仁与义，两者确实不太一样。仁是真诚之心产生的自觉，让人愿意做好事；义代表适宜的“宜”，行为是否适宜，要考虑外在情况，所以“义”字作为“宜”来说，具有变化性。譬如，夏天到了，穿短袖衬衫很适当；冬天还这样穿，不是容易感冒吗？适当就是要配合外在的情况，但如果没有发自内心的情感，所有外在的行为，即使适当，也都只是做戏而已。

善在于：仁、义、礼、智

孟子说："顺着人性的真实状态，就可以做到善，这便是我所谓的性善。至于有人做出不善的事，那不是天生资质的过错。怜悯心，每个人都有；羞耻心，每个人都有；恭敬心，每个人都有；是非心，每个人都有。怜悯心属于仁德，羞耻心属于义行，恭敬心属于守礼，是非心属于明智。仁德、义行、守礼、明智，不是由外界加给我的，而是我本来就具备根源的，只是没有去省思罢了。所以说：'寻求就会获得它们，放弃就会失去它们。'"（《孟子·告子上》）

四端是向着仁义礼智四善的内心要求，具体实践出来的即是仁义礼智，也就是善。孟子说："恻隐之心，仁之端也。"恻隐心是行仁的开端，而不是等于已经行仁；"羞恶之心"是义（正当行为）的开端；"辞让之心"是礼（礼节礼貌）的开端；"是非之心"是智（明智）的开端。开端不等于完成，不等于结果；有善的动力，并不等于做到了善。一位哲学界的朋友问我："你说人性向善，并且要有行为才叫善。那么如果一个年轻人看到老太太上车，心里不忍，此时他却全身麻痹不能让座，没有做到善的行为，请问这个年轻人是善还是恶？"我的回答很简单："年轻人看到老太太上车时，想要让座，这代表人性向善；但是在他想让座的那一刹那全身麻痹，代表他是个残障者，也就没有让座的问题了，也就不需要在意没有做到善。所有的道德行为，都必须有能力做，才有应该做的问题；没有能力做，就不必想该不该做。"这是儒家思想，很合理的。

再说孝顺，若说一个人没有能力孝顺，那就让人不解了。孟子说"孝"与"悌"，孝顺父母是每一个人都做得到的，不是不能，而是不为。为长者折枝，为老前辈劳动手脚，提供一些服务，但你手脚正好受伤，这样老人家也不会责怪你。儒家讲人性，我们一定要明白，善在于行为，没有行为就不能称为善。只是，什么是善的行为？西方学者认为善不能定义，难道儒家认为善可以定义吗？在此我要特别说明，在定义一个概念时，只要是经常使用的，就有约定俗成的使用方式，这叫作操作性定义。既然大家都说善，善怎么可能没有定义？如果没有定义，概念模糊，那么谁能判断谁在行善？

孟子谈到善的行为时，特别提及“孝悌忠信”四字。儒家讲善，一定是讲我与特定的人之间的适当关系。譬如，“孝”是我与父母之间适当关系的实现；“悌”是我与兄弟姊妹之间适当关系的实现；“忠”是我与老板、长官之间适当关系的实现；“信”是我与朋友之间适当关系的实现。而离开人群，就没有善恶的问题。所以儒家没有关起门的圣人，要成为儒家，就要打开门与人互动。所有人与人之间的关系都没有中间地带，不过你可以说：我是一个好的朋友，但是还可以做得更好；我孝顺父母，但是还不够，还可以做得更好。

假设我像鲁滨孙一样漂流到荒岛上，那么我是好人还是坏人？有人说我是好人，因为我很慈悲，我替一只受伤的鸽子包扎伤口；但是第二天觉得饥饿，就把鸽子烤来吃了，那么我是坏人吗？一个人在荒岛上时，只能问是活人，还是死人。如果出现其他人，彼此交往时，就可以问是好人还是坏人？是好朋友还是坏朋友？善恶是在人群里才能理解的概念，离开人群即没有善恶可言。

讲到善，宗教界与哲学界都是一样的，要从人与人互动开始。如果爱护鬼神超过爱护活人，就是颠倒错乱。《论语·先进》有一段资料可供参考。子路请教如何服侍鬼神。孔子说："没有办法服侍活人，怎么有办法服侍鬼神。"子路又问："胆敢请教死是怎么回事？"孔子说："没有了解生的道理，怎么会了解死的道理。"把善放在人我之间，孔子才要立志"老者安之，朋友信之，少者怀之"（《论语·公冶长》），这是连贯的思想。

儒家思想非常具体，把善界定在人我之间，行有余力才去照顾动物。我在美国念书时，有一年住在学校宿舍。一天，餐厅里来了一只猫，很多人兴奋地喂猫吃东西，但那只猫没人照顾，一星期后就传出难闻的味道了。有人说猫不应该在这里，于是同学们开始辩论。他们找研究哲学的我来评理，但不论采取什么立场，总会有另一半人反对。于是我说："这是学生宿舍，对猫好而妨碍任何一个学生，就代表你忽略了他的权益。他是来念书的，并且不见得每个人都喜欢猫。如果喜欢猫的人能够替猫洗澡、照顾它，带进自己的房间最好。"大家听了以后觉得合理，事情就解决了。任何理论都不应该一厢情愿，而要落实于生活中。我在社会上与人相处，完全遵照儒家的原则，以互相尊重为立场，"己所不欲，勿施于人"（《论语·卫灵公》），人类的言行应该合乎理性，使人与人之间的关系得到适当发展。

孟子的思想很清楚，他认为，善在于行为，而善端则在内心，如此就可以把人的内心与外在行为连接起来了。真诚会引发内心的力量，让我们主动去行善。如果别人叫我行善我才去行善，那个效果与我自己主动行善是不同的。小时候父母叫我们听话、老师叫我们做好人，我们照着做；如果父母、老师不在身边，我们就不一定做了，因为那是外在、被动的行善，而非内在自觉由真诚的心要求自己行善。人如果永远依赖外在要求而行善，根本不会成长，也无法独立作为一个人。这种情况很多，所以人生就要在此下功夫。美国做过一项调查，如果你可以隐形，想做什么事？百分之八十的受访者想抢银行。人类的弱点与劣根性一直存在。柏拉图《对话录》曾记载一个故事：一位牧羊人无意间找到一枚戒指，戴上戒指后竟然变成隐形人，于是他就用这种能力谋杀了国王，窃取王位。儒家了解人性的弱点，我们从孟子对人性的看法，知道儒家的观点是指出，人格尊严不在于别人叫我做什么，而是我自己主动去做什么，对于行为结果也可以自主承担其责任，这就是人的生命特质所在。

孟子所说的四端，只是个开始，如果将四端推广出去，就能保住天下。孟子将这些观念传达给政治领袖，希望他们做到“老吾老以及人之老，幼吾幼以及人之幼”。人有好色的需求，就让每一个人都得到适当的满足；喜爱财物，就让每一个人都无所匮乏；喜欢勇敢，就让每一个人都走上正当的勇敢之途。相反地，若四端只是藏在心里而没有向外推，等于手脚不肯动，连孝顺父母也做不到了。

儒家认为，爱是有差等的。差等是按照彼此关系的亲疏远近，来表达对他人情感的深刻或淡漠。有人说，儒家思想好像比不上墨家的“兼相爱，交相利”。以平等之心爱每一个人，有利益则大家共享。这听起来很好，但谁做得到呢？孔子说：“道不同，不相为谋。”（《论语·卫灵公》）志趣不同，多说无益，也无法共事。孟子则是非辩不可，不辩就没真理可言了。孟子极力批判杨朱、墨翟。墨翟的学派“摩顶放踵”，头发掉光了、脚都受伤了，仍要利天下。杨朱学派则是“拔一毛利天下而不为”，拔一根毫毛就能对天下有利，都不愿做。如果每个人都能照顾好自己，天下也可以相安无事，这在理论上或许说得通，但却根本行不通。有些人生下来就有生理或心理伤残；小孩与老人也需要人照顾。

墨家是古代最保守的学派，提倡“明鬼”，相信鬼神会保护好人、惩罚坏人；肯定“天志”，亦即天的意志是要人类和睦相处。墨家对所有的人一视同仁，对自己的父母与别人的父母也平等看待。假设在车上见到两位老人家，一位是自己的父亲或母亲，另一位是邻居的父亲或母亲，这时该怎么办？因此孟子说：“杨氏为我，是无君也；墨氏兼爱，是无父也。无父无君，是禽兽也。”（《孟子·滕文公下》）

自古以来，从未有人如此批评过墨家。不过，孟子是哲学家，哲学家就应该将任何理论推演到合乎逻辑的结论。而什么是合乎逻辑的结论呢？杨朱不愿意为天下人做任何事，只考虑自己的需求，是彻底的利己主义者。这样的人自然会逃漏税，不会在乎政府能否运作，所以孟子说他是“无君”。墨子对人一视同仁，对自己的父母也没有特别照顾，这不是“无父”吗？“禽兽”并不是骂人的话，只是描写现状。动物没有父母或国家的观念，只有群体生活的需求。一只猴子在猴群里称王，但老了之后，年轻猴子称王，并不会尊敬老猴子。墨子对自己的父母与别人的父母一视同仁，听起来似乎很高尚很伟大，但这是违反人情的，那不就与动物一样了吗？动物刚出生时或许有其亲子关系，但一段时间之后就消失了。

庄子也说，人活在世界上，“命”与“义”是无法避免的。命，即是子女爱父母；义，即是身为百姓，上有国君。一个是家庭，一个是国家，没有国，哪里有家呢？这是很自然的需求，庄子肯定人要有家、要有国，儒家也是如此，并进一步发挥这个道理，如何从真诚开始，做该做的事，实现仁义礼智。

有人觉得这样有些复杂。我们再次强调，尧舜之道不外乎“孝悌”。“孝”，从孝顺父母开始；“悌”，从友爱兄弟姊妹开始。由孝，推出仁德；由悌，推出义行。什么是“老吾老以及人之老，幼吾幼以及人之幼”？照顾好自己的父母，若有余力，再照顾别人的父母；照顾好自己的子女，若有余力，再照顾别人的子女，这即是爱有差等，符合人性自然的情感。儒家的观念很踏实，符合我们的生活经验，也能回应自然情感的要求。

譬如，看到父母难过，自己也跟着难过；看到别的老人家难过时，则先问他为什么难过，有时候也爱莫能助。如果看到别人难过，自己也难过，那么永远无法过快乐的日子了。所以孟子说：“乐以天下，忧以天下。”（《孟子·梁惠王下》就是以天下之乐为乐，以天下之忧为忧。天下人快乐，我同他们一起快乐；天下人忧愁，我同他们一起忧愁。这句话符合“人性向善”的说法。但范仲淹说“先天下之忧而忧，后天下之乐而乐”，这就超越儒家的理想了，听起来很好，但根本做不到。儒家不说做不到的事，儒家学说是一套符合人性、配合人性所建立的社会规范。

伦理规范的基础在于心理的情感关怀，心理的情感关怀再回溯到生理上的需求，这就与孔子在《论语》讨论“三年之丧”时说的一样。孟子把孔子的思想说得更清楚，并提出人的心有四端，此四端才是人性特质之所在。四端如同人的四肢，是生来就有的，而仁义礼智则是发挥四端之后所实现的善的行为。如此一来，人类社会才可能具体改善。孟子说人性向善，所以要努力择善固执，最终止于至善。这样整套儒家思想就完整呈现了。

第三讲：人性向善

孟子的人性论立场很明确，就是“人性向善”。在《孟子·告子上》，他说：“鱼是我所想要的，熊掌也是我所想要的；两者如果不能一并获得，就放弃鱼而选择熊掌。生存是我所想要的，义行也是我所想要的，两者如果不能同时兼顾，就放弃生存而选择义行。”“一箪饭，一碗汤，得到就能活，得不到就饿死。但如果吆喝着施舍给人，就是过路的饿人都不会接受；如果用脚踩过再施舍给人，就是乞丐也会不屑一顾。”

有关“就是过路的饿人都不会接受”，《礼记·檀弓》有一段类似的故事：“齐大饥，黔敖为食于路，以待饿者而食之。有饿者蒙袂辑屦，贸贸然来。黔敖左奉食，右执饮，曰：‘嗟！来食！’扬其目而视之，曰：‘予唯不食嗟来之食，以至于斯也。’从而谢焉，终不食而死。”齐国发生严重饥荒，黔敖在路边做了吃的、喝的，以便等待过路的饥民充饥。那时来了一个饥民，用衣袖蒙着脸，连脚步都迈不开。黔敖左手端着饭，右手拿着汤，喊着：“喂！来吃吧。”那个饥民抬起眼睛望着他说：“我就是不愿意吃像你这样吆喝着而施舍的饭，才落到这个样子。”黔敖听了连忙向他道歉，但他还是不肯吃，终于饿死了。曾子听到这件事情，就说：“这样不对呀！别人没有好声好气地嗟唤，当然可以拒绝；但在道歉之后，也就可以吃了。”

人类为什么宁可死也不愿尊严受损呢？动物不会“不食嗟来之食”。有些动物可能跟人类感情较深厚，但感情再怎么深厚，也不会用“忠孝”“仁爱”“信义”“和平”这些话来形容它们。动物不具有人的这种“格”，人的尊严，让人有不同的发展。每个人出生的条件都不平等，但后天发展出来的评价标准，在内不在外，关键在于有没有行善。人性向善，行善越多，实践人性的机会越大，所以在道德实践上，人人平等。这是真正的平等、道德上的平等，使人外在的富贵、贫贱、成功、失败的影响力降低，让人活得有尊严，并且能够快乐。

儒家对人的尊严之肯定，在于主张：没有人生下来就是善人，但是人人都能行善。人不能离开人群，善是人与人之间的适当关系，掌握住这一点，就会展现入世的情怀。孟子的学生公都子列举当时的三种人性论：一、人性没有善恶问题；二、人性可以为善也可以为不善；三、有人性善，有人性不善。就第三种来说，以尧为君主，却有象这样的百姓；以瞽叟为父亲，却有舜这样的儿子；以商纣为侄儿，并且以他为君主，却有微子启、王子比干这样的贤人。孟子认为这些都是就外在的行为来说明，而没有触及人内心里最根本的、属于人性的部分。

谈到孟子的人性论，一定要看《孟子·告子》篇对人性的讨论。孟子说："顺着人性的真实状态，就可以做到善，这便是我所谓的性善。至于有人做出不善的事，那不是天生资质的过错。"顺着人性就可以做到善，代表善是做出来的，代表行为。如果有人做出不善的事，那不是他本质不好的问题，"非才之罪也"。

善与不善都是做出来的行为，因此才有负责任的问题；如果善与不善不是我做出来的行为，而是天生本来就有的，我就不能负责任了。孟子说："牛山的树木曾经很茂盛，由于它邻近都城郊外，常有人用刀斧砍伐，还能保持茂盛吗？当然，它黄昏晚间在生长着，雨水露珠在滋润着，不是没有嫩芽新枝发出来，但紧跟着就放羊牧牛，最后就成为现在光秃秃的样子了。人们看见那光秃秃的样子，就以为它不曾长过成材的大树，这难道是山的本性吗？在人的身上，难道会没有向往仁德与义行的心思吗？有些人之所以丧失他的良心，也就像刀斧对付树木一样，天天砍伐它，还能保持茂盛吗？经过黄昏晚间的生长，出现了天刚亮时的清明之气，他的好恶也与一般人有了一点点相近，可是他在白天的所作所为又将它压制消灭了。反复地予以压制，他在夜里滋生的气息就无法保存；夜里滋生的气息无法保存，距离禽兽也就不远了。人们见他像个禽兽，就以为他不曾具有人的资质。这难道是人的真实状态吗？因此，如果得到滋养，没有东西不生长；如果失去滋养，没有东西不消亡。孔子说：‘抓住它，就存在；放开它，就消失；出去进来没有定时，没人知道它的走向。’大概说的就是人心吧？”（《孟子·告子上》）

真诚引发力量：有如水向下流

学习《孟子》，要常常记得“动态观”，生命是一种力量，力量是动态的，人生要不断在行动里把人性实现出来。但人通常都会为了各种外在的考虑，而忽略了人性是什么，以至于一辈子就扮演某个角色，取得某种利益。因此孟子强调真诚。

人清晨起床时有“平旦之气”，又称“夜气”，人晚上睡觉时脱离群众，回到自己生命里，恢复做一个人最基本的情况。很少有人早上犯罪，通常是黄昏时最容易犯罪，晚上月黑风高就更不用说了。孟子很了解生命的困境，会受社会风气、后天环境的影响。孟子用“牛山之木”来比喻，山的本性在于“能够”长出花草树木，“能够”就是指力量，力量即是向善的“向”。一座山长出花草树木，不加干涉就可以长得很好，如果干涉，慢慢就没有花草树木了。所以人只要顺着自然状态，就能把善表现出来，这个比喻多么生动。

告子说："人性就像湍急的水，在东边开个缺口就向东流，在西边开个缺口就向西流。人性没有善与不善的区分，就像水没有向东与向西的区分。"孟子说："水确实没有向东与向西的区分，难道也没有向上与向下的区分吗？人性对于善，就像水向下流。人性没有不善的，水没有不向下流的。现在，用手泼水让它飞溅起来，也可以高过人的额头；挡住水让它倒流，可以引上高山。这难道是水的本性吗？这是形势造成的。人，可以让他去做不善的事，这时他人性的状况也是像这样的。"（《孟子·告子上》）

最初启发我觉悟人性向善的，就是孟子所说的这一段话："人性之善也，犹水之就下。人无有不善，水无有不下。"很多人看到"人无有不善"，就说人性本善，如果真的这么简单，孟子何必用水作比喻？"下"是水的向，还是水的性？当然是水的向。因此，性就是向，向就是性，如此才能理解孟子所说的人是向善的，就像水向下流一样。后天形势可以改变人性自然的倾向，所以孟子认为所有的恶都是后天的情况造成的，当然也与人的偏差认知有关，再加上欲望，所以他说"养心莫善于寡欲"。要修养心性，最好的方法就是减少欲望。

善：我与别人之间适当关系的实现

学了孟子的人性论，进一步要对实际生活提出明确的指导原则，譬如肯定了人性向善，那么人生要努力的就是择善固执。《中庸》所说的正是人生的应行之道，所谓“人之道”即是“择善固执”，要选择什么是善的，然后坚持下去。但怎么选择呢？我们可以从《孟子》里找到材料，人与人相处，在选择什么是善时，需考虑三点：一、内心感受要真诚；二、对方期许要沟通；三、社会规范要遵守。先谈“社会规范”，儒家强调真诚，强调仁心，但从未质疑礼的重要，所以当颜渊请教孔子“仁”的时候，孔子说：能够自己做主去实践礼的规范，而具体的做法就是“非礼勿视，非礼勿听，非礼勿言，非礼勿动”。“守法而重礼”，即是合乎社会规范。

社会规范有时会改变，因此它主要是作为一个限制原则，让人不可违背。如果大家行礼如仪，却没有真诚之心，那只是做戏罢了。孟子说：“诚者，天之道也；思诚者，人之道也。”

（《孟子·离娄上》）真诚是天的运作模式，而追求真诚是人的正确途径。极端真诚而不能使人感动，是不曾有过的事；如果没有真诚，是绝不能感动人的。就宇宙而言，真诚即是真实，万物运行的规则就是真实的情况，春夏秋冬、寒来暑往，从未改变过，包括所有生物，都是按照规律在运作。一切生物，包括人在内，饿了想吃、渴了想喝，绝无例外。但是要作为一个真正的人，需要另外一条路，“思诚”是想要让自己真诚，那就是人类正确的路。人是宇宙万物里唯一可能不真诚的生物，当一个人不真诚时，他是把人的身份放一边而进行演戏、作秀而已。但是如果要走上人生的正路，就要真诚，真诚之后就会觉悟自己应该行善。

子曰：“仁远乎哉！我欲仁，斯仁至矣。”（《论语·述而》）孔子说：“仁离我很远吗？只要我想要，它立刻出现了。”代表行仁要看你“欲或不欲”，你不想要的话，人生的路就消失了，你想要的话，它就立即出现，因为每个人都是活在人群之中，随时可以实践他与别人之间的适当关系。孔子从不认为人心本来就有仁，他说：“回也，其心三月不违仁，其余则日月至焉而已矣。”（《论语·雍也》）只有颜渊的心，可以长时间不离开仁，至于其他学生，只能几天或是几个月守住仁的要求。可见人的心不等于仁，你若“欲仁”，仁才会出现；人的心不等于善，要主动愿意去行善，善才会出现。人对自己要真诚，但和其他人相处时该怎么做呢？一样也是真诚，有几分情感就表达几分，人在情感方面最容易引起误会与不必要的困扰。

其次，谈到对方期许要沟通。《孟子·告子下》，公孙丑请教孟子：“高子说：‘《小弁》是小人所作的诗。’是吗？”孟子说：“为什么这样说？”公孙丑说：“因为其中有怨恨。”孟子说：“高老先生对诗的评论太拘泥了！有个人在这儿，如果一个越国人拉弓去射他，事后他可以有说有笑地讲述这件事；没有别的原因，只因为他与越国人关系疏远。如果是他的兄长拉弓去射他，事后他就会哭哭啼啼地讲述这件事；没有别的原因，只因为他与兄长关系亲近。《小弁》的怨恨，出于爱护亲人；爱护亲人，就合乎仁德。高老先生对诗的评论太拘泥了！”（《孟子·告子下》）

人与人相处，从来就没有所谓的“一视同仁”，因为你对每个人都有不一样的情感、不一样的期许。譬如，我走在校园里，两个学生迎面而来，左边的学生我曾教过，右边那位我没教过，他们看到我都不理会，对于教过的学生有这样的反应，我觉得难过，但是对于没教过的学生，我就没有什么感觉。人与人之间会互相期许，因为感情是互相的。与别人互动时，要掌握这三点：内心感受要真诚、对方期许要沟通、社会规范要遵守。但人生没有那么简单，人生之所以为人生，是因为有各种挣扎、冲突和矛盾，有时我对某人的期许很高，但他做不到；有时对他的感情没有那么深，但是他的期许却超过我的能力。因此人常常需要沟通协调，而误会和烦恼也由此而来。

我曾在一家科技公司演讲，有人问："如果我对一个人很真诚，但他总是对我不真诚，难道我还要对他真诚吗？"这个人恐怕误会我的意思了，以为真诚是天真幼稚，其实真诚要考虑一些相关因素。如果我对他真诚，而他对我不真诚，代表他并没有期许我对他真诚；一旦发现这种情况，下一次我就不用考虑真诚。儒家强调以直报怨，直就是真诚，他对我不真诚，将来两人相处完全按照"社会规范"，公事公办、就事论事，这样就没有问题了。儒家很清楚，"道不同，不相为谋"。

我们可以把学到的孔孟思想应用在生活中，具体掌握什么是善，这也是《中庸》的观点。《中庸》的文字具有高度的论述性，不可能在孟子以前写成。像“天命之谓性，率性之谓道，修道之谓教。道也者，不可须臾离也；可离，非道也”这种文章，在荀子前后才可能出现。孟子说：“诚者，天之道也；思诚者，人之道也。”（《孟子·离娄上》）《中庸》则说：“诚者，天之道也；诚之者，人之道也。”孟子说的是思诚，想要真诚；《中庸》说的是诚之，让自己真诚。让自己真诚，比想要真诚更进一步，更具有普遍性，因为让自己真诚本来就包含想要真诚在内，并且焦点在自己身上。《中庸》讲“人之道”是“择善而固执之者也”。孟子的固执有变化的可能，“嫂溺，能否援之以手”（《孟子·离娄上》）就是例证，“守经而达权”，守住经常的原则，能够通达变化的道路。孟子尚未说出“择善固执”这样的原则。

《孟子·离娄下》记载，储子说：“齐王派人来窥探先生，是不是真有与别人不同的地方？”孟子说：“有什么与别人不同的地方呢？尧、舜也与一般人一样啊。”孟子强调“尧舜与人同耳”，表示儒家的圣人是人人可以做到的，要就近从身边做起，重要的是先择善，再长期做下去，做到最后才能产生效果。孟子说：“有所作为的人就像挖一口井，挖到六七丈深还没有出现泉水，仍然是一口废井。”求知与行善，都必须累积到一定程度，才可能转化生命。

从政的人需要这样的智慧，孔子称赞子产，说他“有君子之道四焉”（《论语·公冶长》）：一、“其行己也恭”，自我要求非常严谨；二、“其事上也敬”，侍奉国君非常尊敬；三、“其养民也惠”，照顾百姓广施恩惠；四、“其使民也义”，使唤百姓做事完全合乎正当性。然而孟子却批评子产，说子产主持郑国的政治时，用自己乘坐的车辆帮助别人渡过溱水与洧水。孟子说：“他给人恩惠，但是不懂得处理政治。如果十一月修好行人的桥，十二月再修好通车的桥，百姓就不会为渡河发愁了。君子把政治办好，出行时让人回避都可以，怎能一个个地帮人渡河呢？所以负责政治的人，如果要讨好每一个人，时间就不够用了。”

孟子有些观点与孔子不太一样，最有名的例子是对于管仲的评价。孔子特别推崇管仲，在《论语》中，有六个人被称作达到了“行仁”的要求。微子、箕子、比干，都被商纣害得很惨，比干还被剖了心；另外有伯夷、叔齐，这五人为了行仁，有的死了，有的逃了，有的佯狂，而第六位就是管仲。管仲生活奢侈，齐桓公有什么享受，他也要比照办理，因为他知道自己功劳很大，只要开口，齐桓公一定答应。孔子赞赏管仲用外交手段避免了战争，让各国不用兵戎相向，造福了天下人。一个齐国宰相，造福众人的范围竟超过齐国。善是人与别人之间适当关系的实现，管仲所面对的别人，超过了齐国宰相所面对的齐国人民，达到了各国人民，超过了他应该负责的范围，所以孔子肯定他行仁。

但是孟子对管仲并不满意，有一次齐宣王想说说自己祖先的荣耀，孟子就说孔子的学生没有人在谈论齐桓公、晋文公。孟子明知《论语·宪问》多次谈到，他还是说孔子的学生不屑于谈。有一次公孙丑请教孟子："如果先生在齐国掌权，管仲、晏子的功业，可以再度兴起吗？"孟子回答他："连曾子（曾参）也认为管仲不算什么。"（《孟子·公孙丑上》）孔子称赞管仲，根据的是人性向善之说，如果没有这样的理论，也没有理由可以称赞了。管仲当宰相是为了个人的富贵，他的策略比其他人高明，效果极为显著，所以孔子是就效果来称赞管仲，至于管仲本人的德行则是很差的。管仲从政的条件太好了，他如果是儒家的信徒，一定能让齐国称霸之后，进而恢复周朝统一的美景。孔子的理想就是透过一个国家的稳定，进而使天下长治久安。结果各国争来斗去，轮流称霸，到最后还出现秦始皇，用武力征服了各国。儒家在评价人物的时候，一定会考虑善的概念。

孟子的学生跟随他多年，一起周游列国，有时也会引起一些议论，有人就说孟子“传食于诸侯”（《孟子·滕文公下》），但是孟子认为他是给国君提供一种思想，让国家有路可以走，能够“安富尊荣”，这是他应得的回报。孟子提出很多说法，宣称自己做的都是该做的事，因为他都经过了思考反省。一个时代最怕价值观混淆，大家若是打迷糊仗，即使赢了也无法找到正确的道路，让国家长治久安。儒家作为一个学派，一方面是透彻阐述人性理论，另一方面是希望能够提出长远的规划，让国家真的愿意推行仁政，因为仁政的基本原则就是让百姓可以过好日子。经济繁荣发展只是必要条件，重要的是接下来的教育，百姓能够吃饱喝足又受到教育，人生就有希望了。

我们读《孟子》，年纪越大会越感动，孟子说：“谨庠序之教，申之以孝悌之义，颁白者不负戴于道路矣。老者衣帛食肉，黎民不饥不寒。”（《孟子·梁惠王上》）认真办理学校教育，反复讲述孝亲敬长的道理，头发花白的人就不用背着或顶着重物在路上行走了。老年人有丝棉袄穿也有肉吃，百姓不挨饿也不受冻。一个社会的好坏，从这里可以一窥究竟。老人家年轻的时候对于社会安定也有功劳，只要是在正当行业上尽了力，年轻人就该给老人家一点帮忙，因为每个人都会变老。儒家的思想基本上是说得通的，真的要做也可以做得到，只是需要好的规划，而所有规划都必须以这一套人性论为基础。

心悦理义，犹口悦美味

是否每个人都了解人性呢？未必如此。只要了解人性，就会真诚、沟通，并遵守社会规范；如果不了解，往往就按照本能生活。人有耳目口鼻的欲望。孟子说："口喜欢吃美好的食物，眼睛喜欢看美好的东西，耳朵喜欢听美好的声音，这是每一个人都一样的，但是为什么你的心不能追求圣人那样的境界？"耳目口鼻与四肢一样，属于小体，心属于大体；小体有其自然的追求对象，心亦然。谈到人性是本善还是向善，我要提出一个决定性的证据，孟子说："理义之悦我心，犹刍豢之悦我口。"（《孟子·告子上》）理与义让我的心觉得快乐，就好像刍与豢这种美味的食物让我的口觉得快乐。这代表我的心不等于理义，我的心只是喜欢理义。说话合理是“理”，行为正当是“义”。其实孟子的表现正是说话合理、行为正当。能够说话合理，听的人无法与之辩论。很多人说孟子好辩，其实孟子学问好，是讲道理的，他之所以需要与杨墨这些人辩论，有一段话回溯古代，“当尧之时，天下犹未平，洪水横流，泛滥于天下。”（《孟子·滕文公上》）老百姓生活困苦，所以这些古代圣贤，开始用火把动物赶走、把野草烧净，地上才能够住人。有人治理洪水、教老百姓种植五谷杂粮，才能够生活。野兽出现，就要赶走虎豹犀象，老百姓才能生活。所以，孟子说话合理，不但是学问好，更因为他可以把过去的历史事实归纳及综合起来，让听的人都觉得很有道理。

天下大乱有两种可能，第一，政治做不好；第二，社会上的观念错乱。政治做不好，政治领袖应该反省；观念错乱，孟子就挺身而出。他说，用我的言论来排斥杨朱、墨翟，就是圣人的门徒，“圣人复起，必从吾言矣”（《孟子·公孙丑上》），圣人如果重新活过来，照样会支持我。“先圣后圣，其揆一也”（《孟子·离娄下》），无论古代或现代的圣人，其原则方法是一样的。陆象山就说得很好："东海有圣人出焉，此心同也，此理同也。西海有圣人出焉，此心同也，此理同也。"南海、北海也一样，心同、理同。我的心是一样的，我所需要的理，也是一样的，所以我们的心喜欢理义。第一个理是指，只要说话合理，我就接受。

其次，只要一个人行为正当，对父母孝顺、对朋友讲道义，我们就会对其存有好感。人的心喜欢合理的、正当的言行，这就像人的口喜欢吃用牛羊猪狗所烹煮出来的美味食物一样。我的口里面并没有这种美味，但是我的口喜欢吃这种美味，我的心里面并没有这种理义，但是我的心喜欢这种理义，这个比喻太明显了。所以"理义之悦我心，犹刍豢之悦我口"这句话，肯定了人性向善。性落在心的四端上，我的心自然就喜欢理义，就像我的口自然就喜欢美味的食物。孟子为什么会认为"可欲之谓善"（《孟子·尽心下》），让我觉得可欲的就是善，谁觉得可欲？是心，而不是口。

外国学者念儒家很辛苦，有一个美国学者就说，既然孟子说"可欲之谓善"，所以吃牛排也是善的。吃牛排是嘴巴在吃，孟子怎么会在乎你吃什么？孟子讲"可欲"时，主体是心，因为心是一个人的大体。孟子对人性的理解，由心的四端，再到人性向善与如何择善，这些不容易讲得清楚，也很难立刻理解。如果没有这一套思想作为基础的话，无法肯定人性天生就具有的尊严与价值，也无法进一步解释浩然之气如何培养。

主题三：培养浩然之气

第一讲：从自我修养入手

孟子如何培养浩然之气呢？首先我们从自我修养谈起。

儒家最常谈到的修养，是孔子说的“智者不惑，仁者不忧，勇者不惧。”（《论语·子罕》）人有理性，但如何成为智者呢？有真诚的情感，那如何做个仁者呢？仁者和智者都是孔子重视的特殊成就，“智者乐水，仁者乐山”（《论语·雍也》），水活泼流动，遇到任何状况都可以随机应变；山厚重安详，能够包容各种动物、植物、矿物。所以，智者欣赏水，而仁者欣赏山。勇是指勇敢，但勇敢的表现何在呢？

考察心思：无礼、不仁、不忠?

孔子认为君子有三种特色，“智者不惑，仁者不忧，勇者不惧”，这三句话并没有延伸出其他的观念，在哲学上，这叫作“套套逻辑”，意指说A等于A。譬如，人是理性的动物，我没有特别说什么，只是对于“人”做一个分析性的定义。我现在说智者不惑，明智的人不迷惑，如果迷惑，就不能算是明智了。孔子的生活心得是在三十而立之后十年，才到四十而不惑，这也不容易做到。不惑代表明白许多事情的道理，知道人生何去何从。“勇者不惧”也没有告诉我们什么，勇敢的人没有什么可以恐惧的，会恐惧就不叫勇敢了。智者不惑与勇者不惧，它的解释方式就是把这个词的具体作为描述一下，但并没有说明怎么修养。

“仁者不忧”比较特别，有仁德的人为什么不会忧虑呢？因为心安理得。仁就是真诚，并且去做该做的事，所以没有什么忧虑。孟子曰：“君子有终身之忧，无一朝之患也。”

（《孟子·离娄下》）孟子这么说："君子有终身的忧虑，而没有一时的烦恼。至于要忧虑的则是，舜是一个人，我也是一个人；舜为天下人树立典范，影响流传到后代，我却仍然是个平凡的人，这是值得忧虑的。忧虑了又如何呢？像舜那样去做吧！至于君子是没有一时的烦恼的。不是仁德的事不去做，不是守礼的事不去做。即使有一时的烦恼，君子也不认为那是值得烦恼的。"终身之忧就来自人性向善，好了还要更好。"向"这个字代表力量，只要活着就一直存在。这也是孔子的生命从三十而立、四十而不惑、五十而知天命，一路提升不会停止的缘故。孔子若是活到八九十岁，肯定还能提升更高的层次。由此可知，"向"就是理解儒家思想的关键。

孟子谈论人的修养，也从这里连贯下来。虽然《中庸》的材料不一定早于《孟子》，但它的总结值得参考。第一，好学近乎智，只要好学就接近明智。每天都在念书、思考，懂的当然比别人多；遇到事情时判断也比较准确，这时候就能显示出一个人的明智。一个人若是不好学，只能靠着一面犯错一面学习，再一面累积经验，等到学会人也老了，来不及显示明智了。孔子只承认颜渊好学，但是子夏说"日知其所亡，月无忘其所能”（《论语·子张》）。每天学习新东西，每月不要忘记学会的东西，也等于多复习，这样就能够表现明智的特色了。第二，力行近乎仁，一方面真诚，另一方面要努力实践所学，这样就能接近仁了。第三，知耻近乎勇，知道羞耻才是接近勇敢，代表又要把焦点回到自己身上。好学是学别人的东西；力行是由心而发，做该做的事；万一有错怎么办呢？要能知耻，所有的修养都要从自我反省开始。西方人说，做人就是会犯错（To be human is to err.），人有自由就可能犯错，所以必须经常反省，知道自己错了、有羞耻心，是一种勇敢。真正的勇敢不是对付别人，而是对付自己。

这是孟子那个时代对于智仁勇的了解。《中庸》说人之道是“择善固执”，合起来看，择需要智；善与仁是同一类；固执就是勇，“择善固执”根据的就是“智仁勇”三达德。三达德，也就是帮助我们在人生之路上走得通的三个方法。相对的是五达道，也就是五伦，没有人可以离开这个道，君臣、父子、夫妇、兄弟、朋友称为“五达道”。德是帮助道的，德是行动的具体方法。在《孟子·公孙丑上》，孟子讨论“不动心”，不动心是表现自我克制的力量，和三达德中的“勇”有关。给你好处，你会不会动心？能不能“富贵不能淫，贫贱不能移，威武不能屈”（《孟子·滕文公下》）？这些都与勇有关。

三种勇敢：对抗、无惧、自反

孟子的学生公孙丑问：“先生如果担任齐国的卿相，可以实行自己的主张，那么即使由此而建立了霸业或王业，也不足为怪。如此一来，会不会动心呢？”孟子说：“不会的，我四十岁就不动心了。”（《孟子·公孙丑上》）孟子的说法和孔子的四十而不惑有点类似，孔子四十岁时没有迷惑，代表不受情绪干扰、不易受人煽动。公孙丑说：“这么看来，先生就远远超过孟贲了。”孟子说：“这个不难，告子比我更早做到了不动心。”公孙丑说：“不动心有方法吗？”不动心必须沉得住气，所以孟子先谈“养勇”，并举出三种勇敢。这段对话中所举的孟贲、北宫黝、孟施舍都是古代勇士。

孟子说：“有。北宫黝这样培养勇气：肌肤被刺不退缩，眼睛被戳不逃避；他觉得受到一点小挫折，就像在公共场所被人鞭打一样；既不受平凡小民的羞辱，也不受大国君主的羞辱；把刺杀大国君主看成刺杀平凡小民一样；毫不畏惧诸侯，听到斥骂一定反击。”北宫黝的方法是“外发”，以外在的过人气势来彰显勇敢。

罗马时代两军交战，其中一边派了一个传令兵到敌阵，建议双方停火，理由是他们军中都是勇士，怕对方损伤惨重。当时是冬天，传令兵把手放在火炉上烤，都烤焦了，大家都求他把手拿开，这样就消除一场战争。一个人只要不怕死，谁也挡不住。

孟子说：“孟施舍这样培养勇气，他说：‘对待不能战胜的，就像对待足以战胜的；衡量敌得过才前进，考虑可以胜才交战，那是畏惧众多军队的人。我怎能做到必胜呢？不过是无所畏惧罢了。’”两军作战时，士气扮演关键角色，孟施舍凭借的是一种精神力量，简言之，就是“无惧”。北宫黝和孟施舍刚好是两种典型，一放一收，但都可以让对手不寒而栗。第一种人武功高强、体格壮硕又不怕死，怎么对付他呢？第二种人虽然瘦弱但却不怕死，一样很难对付。然而孟子举了这两个例子后，又说这不算什么，第三种勇敢才是真正的勇敢。

孟子说："孟施舍的作风像曾子，北宫黝的作风像子夏。这两人的勇气，不知道谁比较杰出，但是孟施舍把握了要领。从前曾子对子襄说：'你爱好勇敢吗？我曾经听孔子谈过大勇的作风：反省自己觉得理屈，即使面对平凡小民，我怎能不害怕呢？反省自己觉得理直，即使面对千万人，我也向前走去。'孟施舍保持勇气的方法，又不如曾子的那么扼要。"

这段话是曾子引述孔子的话，但因为出现在《孟子》书中，常常被误以为是孟子说的。原文有两段，第一，"自反而不缩，虽褐宽博，吾不惴焉"。我反省自己发现自己理屈，虽然面对一个平凡百姓，我不害怕吗？第二，"自反而缩，虽千万人，吾往矣"。一般人只注意到这第二句话，总觉得自己是对的，如果每一个人都自反而缩，那么谁不缩呢？"缩"这个字在古代可以当作"直、义"（正当性）。反省自己，肯定自己有正当性，就算再多的人反对我，我仍执意往前走。但是最怕"自以为义"，两个人互相对立，都说自反而缩，那么到底谁对呢？一个人不能自我反省，就很容易自以为义，自以为义的人到最后可能行不通，到处碰壁，这一生恐怕很难做成什么大事。孟子也说，别人对我不好，我先自我反省，是不是我自己有问题？我是不是不仁？是不是无礼？是不是不忠？若自省过后发现自己其实没有任何不妥，那只能说是碰到一个狂妄的人。

我反省自己觉得理屈，即使我再有权力、再有财富，而对方只是一个平凡百姓，做小生意的、小买卖的，对我无可奈何，但我心里还是要害怕的。因为面对一个比较弱势的人，你欺负他，他无可奈何，这代表将来比你强势的人欺负你，你也只好接受，也只能无可奈何。我们做事要想到相互性，做任何事都有其逻辑上的后果，你做这件事就等于你赞成这件事的逻辑。你在什么情况下做出这种行为，也要允许别人这样做。从孔子的这句话，可以看出儒家思想的深刻性。

即使面对一个穿着粗糙衣服的平民，我能不害怕吗？我害怕的不是这个人，我害怕的是“理”。理就是合理，义就是正当。有这样的准备之后，才能倒过来说：我反省自己觉得理直，再多的人反对我，不管你们财富、权力有多大，我照样向前走，这是大勇。

这三种勇敢对照来看，会发现第一种是勇于对抗，第二种是勇于无惧，第三种是勇于自反。只有第三种勇于反省自己，符合儒家的理想，要以道义作为人类共同的目标。如此一来，社会才有可能出现正义。人生在世，所需要的是仁爱与正义。仁爱就是让人们活下去，所以每一个国家都在拼经济，每个国家都以人民平均所得提高作为政绩。但是这样还不够，除了仁爱，还需要正义，正义就是一个人的善恶，要有适当的报应。法律要维持社会的公义，就来自对正义的要求。国家若是只有仁爱而没有正义，可能会发生巧取豪夺，强凌弱、众暴寡的情形，仁爱最终还是会崩塌，这仍是不公平的社会。孟子的不动心与大勇有关，自己问心无愧，什么都不用担心，所以不在乎外在的成败得失，只在乎内心有一个原则，以它作为基础，可以定得住。公孙丑又说："请问，先生的不动心与告子的不动心，可以讲来听听吗？"孟子说："告子说过：'言论上有所不通，不必求助于思想；思想上有所不通，不必求助于意气。'思想上有所不通，不必求助于意气，这是可以的；言论上有所不通，不必求助于思想，这是不可以的。心志是意气的统帅，意气是充满体内的。心志关注到哪里，意气就停留在哪里。所以'要持守心志，不要妄动意气'"。公孙丑说："既然说'心志关注到哪里，意气就停留在哪里'，却又说'要持守心志，不要妄动意气'，这是为什么？"孟子说："心志专一就能带动意气，意气专一也能带动心志。譬如跌倒与奔跑，都是意气的运作，反过来却带动了心思。”

告子的修养很辛苦，好像在一个石洞里面壁而坐，与别人讲话讲不通时我不要想，想不通时我不要生气，也就都是“不要、不要”，压制自己的欲望与意念。到最后真的不动心了，大概与庄子所谓的槁木死灰差不多了，告子的这种做法违反人的理性本能。孟子说，想不通时不要生气是对的，但是说话说不通就一定要想。小时候想不通，也许再过几年就能想通；一个人想不通，找朋友商量、找老师指导，说不定就想通了。孟子承认告子比他先不动心，不过告子的方法太消极。最后孟子特别提到，告子为什么说“仁内义外”呢？认为仁是由内而发、义是由外而来，原因就是他没有想通。

浩然之气的预设：身心关系

公孙丑再问：“请问先生的优异之处在哪里？”像孟子这样的老师，一定具有相当程度的自信，认为自己与众不同。孟子说：“夫天未欲平治天下也。如欲平治天下，当今之世，舍我其谁也？”（《孟子·公孙丑下》）孔子两次差点被杀，都把天抬出来，其中有一次说得比较完整：“天之未丧斯文也，匡人其如予何”（《论语·子罕》），上天如果没有让文化传统消失，匡人能对我怎么样？由此可见孔子认为自己是文化存亡的关键，虽然是在危险的时候讲的话，但也足以展现孔子的自信。

有人认为孔子比较谦虚，孟子比较骄傲，孔子确实是“道不同，不相为谋”，非常客气。不过儒家学者与谦虚或骄傲无关，他们拥有的是一种使命感。社会乱了，读书人知道社会应该怎样才能安治，这就是使命感。知识带来责任，没有知识的人从政，有如盲人骑瞎马，夜半临深池，那是多么危险。知识分子只想尽力做一点事，设法帮助百姓。所以孟子也认为，上天要治好天下，舍我其谁？真正的儒家都有类似的抱负。我记得一个小故事，真假还有待考证。梁漱溟先生年轻的时候，有一次要过河，风浪很大，很多人都劝他不要过河了。他说：“你放心，我死了，中国文化怎么办？”这种抱负不只他一人独有，很多学者只是没有说出来而已，或是可以说，不太有信心说出来。

真正的儒家要把这些都学会，孟子“道既通”，把儒家的道学会了，通了之后就有一种自信，这种自信绝不是为了升官发财。孟子回答学生，说明自己有两大优点："我知言，我善养吾浩然之气。"（《孟子·公孙丑上》）"知言"有两项条件，一是充分了解人间事物的因果关系，由此形成一种完整的观点；二是逻辑思辨能力很强，可以就事论事，不受个人因素干扰。《论语·尧曰》说："不知言，无以知人也。"这是《论语》全书结语。孟子自谓知言，可见深有自信。

《论语》第一句是，"子曰：'学而时习之，不亦说乎？'"最后一句是，"子曰：'不知命，无以为君子也。不知礼，无以立也。不知言，无以知人也。'"第一，"不知命，无以为君子"，一个人不了解自己的使命，无法成为君子。光了解命运不够，还要知道使命，孔子五十而知天命，就兼顾了命运和使命，孔子说不了解自己的命运与使命，不可能成为君子，因为君子本身是修炼过程的结果。第二，"不知礼，无以立也"，这句话在《季氏》篇中也出现过，孔子教导儿子"不学礼，无以立"，不了解礼的话，无法在社会上立足。最后一句话就比较容易被忽略，"不知言，无以知人也"，不能辨识一个人的言论，就无法了解这个人，因为言为心声。

孟子说他同别人不一样之处，首先是他能辨识言论，承接了孔子所谓的“不知言，无以知人也”。知言，就是听到别人的话，就知道别人所言有什么问题。孟子提到四种，“偏颇的言辞，我知道它的盲点；过度的言辞，我知道它的执着；邪僻的言辞，我知道它的偏差；闪躲的言辞，我知道它的困境。”（《孟子·公孙丑上》）第一，偏颇的言辞，我知道它的盲点。若是有人说，人活在世界上跟动物差不多，没有什么希望，那个人一定觉得做人很辛苦。一个朋友家里养了九只狗，他说他喜欢看狗脸胜过看人脸。这样的说法不失道理，狗脸只有一种表情，就是忠心耿耿，人脸变化太大，贫穷的人容易谄媚，富有的人容易骄傲，我想他以前一定在某方面吃过别人的亏。

第二，过度的言辞，我知道它的执着。有人说二十一世纪是中国人的世纪，但是外国人不喜欢听到这样的说法，这样说多了，代表心里有一种执着。用黄皮肤、黑头发来界定谁是伟大的人，但这其实是血统、身体的因素。人真正的伟大在于可以不断开发潜能，最后能展现人文精神、人道理想。所以，说这种话的人，有自己的执着，大概以前太苦了，好不容易轮到自己出头了。

第三，邪僻的言辞，我知道它的偏差。“人不为己，天诛地灭”，这话一听就知道有所偏差，因为只看到人自私的、坏的一面。

最后，闪躲的言辞，我知道它的困境。我们如果学会也很有用，跟别人谈话，朋友之间、职场上，或在更广大的人群之间，都可以这么判断。但是孟子真正杰出的优点不在这里，因为分辨言论需要懂得人情世故，亦即知言与明智有关，而真正困难的是“我善养吾浩然之气”。这就需要长期修炼，要从自我反省开始。

“浩然”本来是指水势盛大的样子，孟子不止一次讲到“浩然”，有一次他因为离开齐国被人批评，“不知道齐王不可能成为商汤、周武王，那是不明智；知道齐王不可能做到，却还是到齐国来，那是求俸禄。跋涉千里来见齐王，意见不合便离去，在昼县住了三夜才走，为什么这样滞留迟缓呢？我对这一点很不满意。”孟子知道之后，说：“那个尹士怎能了解我呢？跋涉千里来见齐王，是我所期望的；意见不合便离去，难道也是我所期望的吗？我是不得已罢了。住了三夜才离开昼县，我心里还觉得太快了，齐王或许会改变态度，齐王如果改变态度，一定会召我回去。我离开了昼县，齐王没有派人追我，我这才心意畅快地决定回乡去。”（《孟子·公孙丑下》）最后这一句，即是“浩然有归志”。

学生不理解何谓浩然之气，孟子解释道：“其为气也，至大至刚，以直养而无害，则塞于天地之间。”（《孟子·公孙丑上》）那一种气，最盛大也最刚强，以正直去培养而不加以妨碍，就会在天地之间充满。孔子提到人有血气，孟子则认为人的生命是气。我们身体内外都是气，所以人需要呼吸，这是最自然的一种理解。古人认为宇宙万物基本的质料就是气，这个气对人来说是呼吸，让身体可以维持生存。但是从另一个角度来看，气是无形的，健康的人气比较盛，生病的人气比较衰。每一个人体内都有气，也表现出某种精神状态。孟子是身心合一论者，“存乎人者，莫良于眸子”（《孟子·离娄上》），要了解一个人，最好看他的眼珠。以现代医学来看“胸中正，眼珠就发亮，胸中不正，眼珠就昏黄”，这种话听起来好像有一点问题，假设我不小心患了黄疸病，眼珠发黄，你能说我胸中不正吗？况且现代药物那么发达，很多人一点眼药水双眼就发亮了，但能说他胸中正吗？孟子这样说实在是太急了，他希望每一个人都了解，外表会显示你内心的状况，相由心生。

孔子比较温和，他认为了解一个人要从现在、过去、未来去看，即“视其所以，观其所由，察其所安。人焉廋哉？人焉廋哉？”（《论语·为政》）看明白他正在做的事，看清楚他过去的所作所为，看仔细他的心安于什么情况。这个人还能如何隐藏呢？孔子的学生宰我口才很好，经常让孔子上当，他看到宰我白天睡觉，讲了一句话，“始吾于人也，听其言而信其行；今吾于人也，听其言而观其行。于予与改是。”（《论语·公冶长》）过去我对待别人，听到他的说法就相信他的行为；现在我对待别人，听到他的说法，却要观察他的行为。我是看到予（宰我）的例子，才改变态度的。

相较之下，孟子说观察一个人就看眼珠，是比孔子急躁了些，容易缺乏普遍性，但这也不能怪孟子，他讲身心合一论，身是小体、心是大体，只要让大体带领小体，就能走在正路上。如果反过来让小体带领大体，吃喝玩乐，心不起作用，而是跟着身体的欲望去走，甚至变本加厉，这样就是小人了。

儒家对于“气”的了解，到孟子是一个关键点。孟子说为什么要培养浩然之气呢？人的身体里充满的就是气，同别人来往时，我理直，我说话的声音就算再小声，力量也是很大的，就像小孩子很真诚，说话时大家都要注意听。孟子说过：“大人者，不失其赤子之心者也。”（《孟子·离娄下》）

为什么一个德行圆满的人，没有失去如孩童般纯真的心？因为那是最真实、最真诚的。许多智者都说出过类似的想法，老子说要“复归于婴儿”（《老子·第二十八章》），一个人修炼到最后，回到婴儿状态，本身就很圆满。当然，我们不可能再回到婴儿时期，老子指的是一种修炼的结果。

尼采也说，精神有三种变化，第一变变成骆驼；第二变变成狮子；第三变就变成婴儿。求学时期，每天背着书包上学，背一个书包是单峰骆驼，背两个书包则是双峰骆驼。哪一个人年轻时不是背着各种传统教训与压力的骆驼。尼采说，骆驼就是听别人命令你该如何、你该如何；做任何事都听命于老师、父母，那就是骆驼。

第二是狮子，谁见过狮子背上背东西的？狮子代表一种大无畏的精神，就是我对自己说：我要如何、我要如何，这就是狮子。代表我的生命独立自主，自己负责。

最后变成婴儿，代表我就是我，等于回到开始，但这个开始不是生下来的开始，是经过修炼之后的重新开始，生命力最强。耶稣说，让小孩子到我面前，因为天国是他们的。孟子也说赤子之心。这代表宗教家、哲学家对人的观察是类似的。当然，人不可能回到婴儿状态，要把握的是婴儿那种纯洁真诚的力量。童话故事《国王的新衣》，所有人都看到国王没有穿衣服，但只有小孩子敢直接说出来，所以小孩子的话有他的启示性。有人说儿童是人类的老师，意义就在这里。

这一讲谈到自我修养的过程，有关浩然之气的具体细节，和如何培养的历程，另文再谈。

第二讲：浩然之气的表现

浩然之气是孟子思想最有特色的概念，所指的是一种修炼过程。“气”是身体的内涵，也是有形质的宇宙万物的共同因素。“浩然之气”是把人的生命力发挥到极限，抵达与万物相通，“塞于天地之间”的境界。要培养此气，首先要做到“直”（真诚而正直），并配合义行（该做的特定事项）与正道（人生的光明大道），再长期集结而生的效果；它表现为内心坦荡而自得其乐，一无所缺而永远精进，亦即“至大至刚”。义行由内而发，以人性向善为基础，努力择善固执，追求止于至善。

充塞于天地之间：直，义，道

《孟子·公孙丑上》说浩然之气有两个重点：第一，“至大至刚，以直养而无害”。这个气至大至刚，需要我们用真诚的心、正直的态度来养育它，而不要阻碍它，这个气若是被阻碍就不通了。儒家的“直”要理解为真诚与正直，不能只翻译成“正直”，因为这么一来，要问正和不正的标准何在？又要由谁判断？由于真诚是由内而发，直接出去不转弯，一转弯就有很多其他的因素加进来，就不够真诚、正直了。

《论语·子路》中，叶公告诉孔子，他的家乡有正直的人，他的父亲偷了羊，儿子去检举。孔子却说：“如果父亲偷羊儿子替他隐瞒，儿子偷羊父亲替他隐瞒，正直自然就在其中了。”孔子并不是认为帮忙隐瞒是正直，重点是要探究“为何而隐”，如果隐瞒是顺乎天性与人情，则为“直”。直有“真诚”与“直爽”之意，亦由此可见。儒家强调守法而重礼，但是并不否认儿子希望父亲平安的真诚，若是为了社会正义忽略真诚情感，到最后恐怕没有任何人可以与别人建立真诚的关系。

用直来养气，代表气有一种自然状态。我看到父母，我的气就随着我的心，如果真诚而正直，就会孝顺父母。因此，要把气想成一种力量、一种趋势，看到朋友，自然而然希望他快乐，所以要守信用；看到兄弟姊妹，自然而然就有一种力量，要同他们友爱相处，接着这个气就会充塞于天地之间。其实孟子说的是长期的修炼，最后的结果就是优游自在。孟子也说过自己“绰绰然有余裕”（《孟子·公孙丑下》），行动要进要退宽绰而有余裕，能够感觉到天地万物跟我没有任何隔阂，就好像我的气无所不在。文天祥的《正气歌》就是从这里得到启发的。

西方有人将正气翻作“the right air”，看了令人啼笑皆非。空气只能分为污染的与没污染的。真要翻译的话，应该译成正义的精神，因为精神是看不到的，气与精神可以互通，两者都是无形又有力量的。孟子认为，如果用真诚而正直的心态来让自己的生命显示一种特色，那么这个生命就与其他万物相通，充满在天地之间。孟子说的快乐，就是一个人问心无愧。

第二，浩然之气可以充塞于天地之间，因为在我的精神状态圆满时，就是我无所欠缺时，我在任何地方都自得其乐，无入而不自得。孟子说："其为气也，配义与道，无是，馁也。"这种气要配合义跟道，否则气就会衰弱。儒家的道与道家的道不一样，道家的道是究竟真实，是最后的本体；儒家的道是就人类的路来说，道就是路，道就是人类应该走的路，"应该"这两个字就代表道是正道。儒家说"人之道"的时候，不必强调"正"字，就包括"正"在内，否则不用讲道。譬如，花有花道，茶有茶道，路边的野花没有花道，只有插花才有花道，因为牵涉到方法对不对的问题；茶叶长在山上，但泡茶就有茶道了，所谓的道就代表正确的方式。儒家谈到道的时候，通常是指人类共同的正路。孔子说"志于道"，要立志走在人类共同的正路上；"据于德"，好好地抓住德，因为德是修道之后的心得，修道得到的心得可能放弃、可能改变。所以孔子说，要立志于走在道上，要紧紧抓住个人修道的心得。"依于仁"，要按照个人特殊的正路来走。仁是每个人的正路，牵涉到个人的生命如何才能达到完美，因此弟子问仁，孔子因材施教，回答的都不一样。

孔子喜欢讲仁，孟子喜欢讲义。孟子说仁是人要保住的心，义是人要依循的路。义本来是“适宜”的“宜”的意思，义者宜也，因时制宜，看条件而改变。举例来说，昨天讲这句话是对的，今天讲就不一定对，因为情况改变了；昨天这样做事是对的，今天这样做事不见得对，因为条件随时在改变。

孟子讲“义”，其实是个很大的挑战，他曾说过：“大人者，言不必信，行不必果，惟义所在。”（《孟子·离娄下》）德行完备的人，说话不一定都兑现，做事不一定有结果，但是全部以道义为依归。如果没有最后“惟义所在”四个字，就会觉得孟子怎么会说这种话，但如果稍微了解人情世故，就知道孟子的智慧真是了不起。

什么是言不必信？譬如，我们是好朋友，我有一把很好的猎枪，你向我借，说下个星期天要去打猎。朋友之间借一把猎枪有什么问题，但是，就在这个星期之内，医生说你有自杀的倾向，如果我把猎枪借给你，你自杀了怎么办？守信代表约定的是将来的事情，不能预测中间会有什么变化，如果说话一定要守信，也许事情变得很复杂。所以孟子说“惟义所在”，“义”就是“宜”，要配合适当的情况，做出正确的抉择，找出“应该”的所在。人间事务一直在变迁发展，如果没有通权达变的能力，言行可能会陷入困境。义也是正当性，有适当才有正当。我们学习儒家的思想，要把这种概念推展延伸，只看一个字是不容易了解的。

孟子说，这种气要配合义与道，义是每天做的事，道是人生的大方向，既能把每一件事做好，又能把握住大方向，这样才能培养浩然之气。浩然之气有三个法宝：第一，直，真诚而正直；第二，义，在各种情况下应该怎么做的正当性；第三，道，人生的光明大道。把握住这三点，就能慢慢养成浩然之气了。当然还有一些小秘诀，孟子说："对这种气，一定要在行事上努力，但不可预期成效；内心不能忘记它，但不可主动助长。不要像宋国人那样。宋国有个担心禾苗不长而把禾苗拔高的人，十分疲困地回去，对家人说：'今天累坏了！我帮助禾苗长高了。'他的儿子赶快跑去一看，禾苗都枯槁了。天下不帮助禾苗长高的人很少啊。以为养气没有用处而放弃的，是不为禾苗锄草的人；主动助长的，是拔苗的人，不但没有好处，反而伤害了它。"（《孟子·公孙丑上》）

"揠苗助长"也能作为现代教育的借鉴，让小孩子从小开始补习，而且什么都补，最后却导致孩子失去学习的兴趣，岂不是得不偿失？人生的路是长程赛跑，学习、修养也是一样，应该要慢慢来，保存实力、培养兴趣。宋朝学者说“在事上磨炼”，磨炼之后才知道自己的理论与实际有没有脱节，儒家思想就是如此，不能脱离具体的实践。浩然之气是孟子的修养理论，而另一套也不能忽略，就是具体的考验，人有修养，同时还要有生活考验的配合，只有经过考验，修养才能够落实。

天降大任，身心的考验

孟子有一段话很精彩，“天将降大任于是人也”(《孟子·告子下》)，这里务必尊重《孟子》原文，是“是人”而非“斯人”，“是人”就是这个人，虽然意思一样。上天要把大的责任交给这个人，这个人就辛苦了，就是先要他受苦受难。这话其实很有道理，哪里有人生下来就一帆风顺呢？苏东坡写了一首诗，《洗儿》：“人皆养子望聪明，我被聪明误一生；惟愿孩儿愚且鲁，无灾无难到公卿。”每个人都希望自己的孩子聪明，苏东坡却因聪明而一辈子过得很辛苦；因此他希望这个孩子既愚又鲁（“柴也愚，参也鲁”《论语·先进》），但天下父母心，还是期望孩子能够无灾无难就得到功名富贵。但是，人没有经历灾难磨炼，绝不可能出类拔萃。

“天将降大任于是人也，必先苦其心志”，折磨他的心志，让人心想事不成，这时就要解读成是上天在折磨我的心志。接着“劳其筋骨”，劳累他的筋骨，若是白天不劳累筋骨，晚上怎么能够真正休息呢？“饿其体肤”，使你的身体饥饿，最后“空乏其身”，穷尽你的体力。第一句与心志有关，心想事不成，苦其心志；接着劳其筋骨、饿其体肤、空乏其身，这三句都是针对身体。我年轻时比较幸运，中学住在学校宿舍，可以天天打篮球，也算是苦其心志、劳其筋骨，因为打篮球老是投不中，心想事不成。经过这样的锻炼之后，能够慢慢了解人生。参加任何竞赛，不要以为输了就是输了，输了有时候反而是赢了，因为输了才知道人生的实际情况。赢了未必是好事，也许会以为自此一帆风顺，将来遇到更大的考验可能会承受不了。年轻的时候经常尝到失败的教训，可以让人懂得收敛，懂得在内心里面下功夫。

孟子说完“苦其心志，劳其筋骨，饿其体肤，空乏其身”，接着说“行拂乱其所为”，使他的所作所为都不能如意，目的在于“动心忍性，增益其所不能”，这样才可以震撼他的心思、坚韧他的性格、增加他以前所没有的能力。人的能力都是训练出来的，我看过一篇报道，一位美国田径女选手曾经得过两枚奥运金牌。到了一定的年纪之后，她改打高尔夫球，两年之后得到全美女子高尔夫球冠军。记者赞美她是运动天才，她说从练习打高尔夫球开始，每天挥杆一千多次，挥到手抓不住球杆为止，两年下来，球杆就像她的手的延长，爱打哪里就打哪里，这就是熟能生巧。

经过这样的痛苦与磨炼就一定会成功吗？也不一定，但至少可以把焦点转到内在成长，人在很多方面有了成绩，最后还是要回到内心，若是不这么做，等到年老的时候，外在条件不一样了，要如何自处呢？可见孟子真的很有智慧，认为上天要赋予人们重大的任务，就必须先让人们经历这些考验。

以犹太人为例，犹太人认为自己是上帝的选民，虽然直到一九四八年以色列才复国成功，但他们没有失去信心，因为他们拥有祖国，而所谓的祖国不是土地与国家，而是他们的《圣经》。犹太人只要带着《摩西五书》《律法书》，家乡就无所不在，纵使浪迹天涯，却从来没有忘记过故乡。而后好不容易复国了，但与周围的国家却从来没有和平相处过。

犹太人曾经在埃及长期为奴，摩西带他们出埃及时，必须经过红海。据说一年有一个季节，海风能把海平面吹到大概一米高。那一年风势特别强，海水被吹干了，犹太人顺利通行，当法老王的军队追来时，风正好停了，海水又上涨了。这样的民族，一直认为自己是上帝的选民，最伟大但是最苦。从红海到巴勒斯坦，就是现在以色列建国的地方，步行只要十一天，但是犹太人走了四十年。因为这些曾经在埃及做过奴隶、带有奴性的人，在沙漠里都老死了，进入福地的是新生的一代。奴隶性格很难改变，当他们在沙漠里绕圈子时，多少次抱怨上帝，宁可在埃及做奴隶，至少还有饭吃。

孟子的话具有普遍的意义，他真的了解人性。我女儿初三的时候，有一天回家跟我说，她发现自己很崇拜孟子，我简直不敢相信，以为那是某个艺人的艺名，还问她是哪一个孟子。她说你别着急，就是你常常讲孔子、孟子的孟子。我一听就放心了，觉得很兴奋，但也很好奇，问她怎么会崇拜孟子呢？她说因为今天语文老师教到孟子这一段："天将降大任于是人也……"她把这一段话念完，表情正气凛然，我看了很感动，没想到千载之后，孟子还能影响这些小朋友，也让我对这句话印象特别深刻。任何人只要认真读《孟子》，都会感觉到振奋，我还特别问她最喜欢哪一句，她将用毛笔写得歪歪斜斜的“动心忍性”四个字贴在桌子上当座右铭。但是什么叫座右铭呢？做不到的事就是座右铭。后来我常常拿这事跟她开玩笑，不过她至少曾经立过志。年轻人的可贵就在于，看到好东西会向往，这是年轻人的特权；中年之后看到好东西没什么感觉，王顾左右而言他。所以，人要把握年轻时真诚的心，要有学习的志向，见贤思齐，看到好的就要学。

万物皆备于我

“浩然之气”配合“天降大任”，最后出现“万物皆备于我矣。反身而诚，乐莫大焉。”（《孟子·尽心上》）孟子说：“一切在我身上都齐备了。反省自己做到了完全真诚，就没有比这更大的快乐了。”重点在于“乐莫大焉”，读书人最喜欢看到别人说什么是最大的快乐，看到就赶快学起来，希望能够让自己也快乐。在此，前提是“万物皆备于我，反身而诚”，这到底在说什么呢？

宋朝的学者说，“万物之理皆备于我心”，人的心可以通过学习、了解而知道所有的理。本来不知道什么是飞机，听别人介绍之后，就知道什么是飞机了。人的心有无限的容量，有可能了解万物之理。但是这种解释当然不对，如果万物皆备于我，是说靠学习的“理”来得到的话，那么永远学不完，既然学不完，怎么可以说万物皆备呢？皆未备才是吧。

孟子说“万物皆备于我”，并不是直接描写，而是一种比喻的方式，意指人心无所欠缺，本来就圆满了。一个人只要自觉，了解自我，就觉得生命此刻很圆满。尤其是早上起来，睡得很好又吃了早餐，没有什么欠缺，只是要上班了。上班的时候要想，上班也是社会定位，在社会上有一个位置同别人互动，多知道一些互动的方法也不错，这就是万物皆备于我。西方有一句话我很喜欢，虽然讲得不怎么高明，“富有的方法就是降低欲望”，穷与富不在于有多少钱，因为那是相对的，穷与富在于心态，所以说知足常乐。因此，孟子说的“万物皆备于我”，是指生命本身就已经圆满了，作为万物之灵，人不需要靠外在事物来支持。接着这句话之后，再说反身而诚，反省自己而发现自己做到了真诚，这真是无比的快乐。

孟子说过，“诚者，天之道也；思诚者，人之道也。”（《孟子·离娄上》）思诚者就是想要真诚，这就是人生的正路，只有人可以想要真诚或是不想要真诚，甚或想要不真诚。你现在想要真诚，恭喜你，走上人生的正路，“反身而诚”，反省自己发现确实做到真诚，没有比这更大的快乐。我们常说心安理得、心里没有任何惭愧，或是都对得起别人。这一生真诚坦荡，有什么能与这样的快乐相比呢？快乐有很多种，有的是吃饱喝足，有的是朋友相聚，有的是功成名就，有的是实至名归。但是真正的快乐有一个原则，一定是在己不在人、求己不求人，否则快乐就受到限制了。

研究一套哲学，要注意几个重点：第一，所讲的系统是自己做得到的吗？别人做得到的吗？一定要让所有人都做得到，才是我们要接受的哲学。如果要求一个人关起门来或到山上隐居，别人都做不到，学了有什么用呢？第二，有没有说明哲学修炼的过程？如果有，才能依其法而行。第三，也是最重要的，做到之后会快乐吗？

西方哲学对于痛苦、快乐有过深刻的思考。希腊时代的悲观主义，认为人生最后都是痛苦，因为人有欲望，旧的欲望一旦消失，新的欲望又会出现，所以修炼的目标就是怎么对付欲望。但如果欲望都消失了，人活着又要做什么呢？有个国王去拜访一位智者，请教人生的智慧，结果得到的答复是：人最好不要出生，出生之后最好早一点死掉。这样的观念传开之后，很多人自杀了，国王只好下令不准他再讲课。哲学是要让人活着，并且活得快乐。研究哲学家的思想，通常都会看他如何界定快乐。

尼采常说他生不逢时，来早了一百年，因为他太聪明了。他说哲学家是文化的医生，可以洞见文化的趋势。他写过一篇短文，有个瞎子大清早提着灯笼到市场去，别人问他大白天何必提灯笼？他说：“你没有发现眼前一片漆黑吗？上帝死了，宇宙不再有光明了。”如果上帝不存在，宇宙的一切都无法得到合理的解释，也就丧失了意义，那不是一片漆黑吗？意义就是理解的可能性，如果完全没有神，怎么解释自己的生命呢？中国人喜欢讲祖先，如果祖先都消失了，那么我们活着做什么？因为我们将来也会像祖先一样消失，那么人一生到底图的是什么？但是我们还要问，尼采快乐吗？其实他也颇能自得其乐，他说如果没有音乐，人生将是一种错误。叔本华是有名的悲观哲学家，他甚至说过，高尚的道德就是自杀，若要避开自杀有两个方法：第一，信仰宗教，由此节制欲望；第二，培养审美情操，审美的时候不带有任何目的，可以当下就某种音乐或艺术让自己感觉到解脱的快乐。

哲学家都有自己的出路，孟子提出各种修炼的方法，很多人听了都觉得有些压力，尤其是那些国君与大臣。但是孟子也经常提到快乐，他说周文王很快乐，老百姓替周文王盖园林的时候，是主动来的，“庶民子来”，老百姓像子女一样跑来帮忙，因为要是盖得很好，将来百姓也可以来游玩。真正的快乐就是能够把个人的生命敞开来，同其他人产生互动，“与民偕乐”。（《孟子·梁惠王上》）

儒家虽然重视和谐，但也有自己的原则。孟子也说：“自反而缩，虽千万人吾往矣。”（《孟子·公孙丑上》）但要怎么知道只有自己是对的，而千万人都是错的呢？这里出现一个值得深思的问题。假设我到一个单位去，这个单位的人全都贪污，而我坚持原则不贪污，这还容易做到，因为贪不贪污的对与错太明显了。天下的事都那么明显的话，谁会做坏事？或者，你做坏事就没有什么好争辩的。一个团体能不能和谐固然重要，而更重要的是能不能维护正义，有没有道义作为共同的原则。

孟子一方面关怀人群，希望自己的努力可以为天下人带来福祉；另一方面他也很有原则，绝不因为天下人都有某种愿望，为了与大家和平相处就不再坚持。这里所牵涉的问题就比较复杂了，就是人要如何确定自己是对的？只有一个办法，经常自我反省。常常想自己可能是错的，想多了想久了，最后发现我实在没错，因为我先从自己可能犯错来反省，这是儒家的特色。曾参“吾日三省吾身”，他讲的都是反面，“为人谋，而不忠乎？与朋友交，而不信乎？传，不习乎？”（《论语·学而》）他不说我一定忠心耿耿、我一定守信用，那样就不叫反省，而是吹嘘了。孔子的反省是“德之不脩，学之不讲，闻义不能徙，不善不能改，是吾忧也。”（《论语·述而》）德行没有修养好，学问没有研究好，听到该做的事没有去做，有了错误没有改过，这些是我所担忧的。儒家的反省是先假定自己有错，严格要求自己，若是不能确知自己没错，则不会说自己是对的。

儒家的自我要求这么严格，但接着还要问天下人能不能接受，还要看天意如何。孔子说自己“五十而知天命”，孟子也说“天欲平治天下，当今之世，舍我其谁也？”（《孟子·公孙丑下》）天代表天命，也代表命运，若是条件不足，天时地利不能配合，自己再怎么有本事，也必须收敛。孟子到很多国家与国君谈了之后就离开了，离开之后，也免不了伤感。有人嘲笑他，明明知道齐宣王不是一块材料，来了代表你不够智慧；来了之后又待了几年，怎么没有立刻就走呢？齐宣王也曾努力挽留孟子，虽然不能给他正式的官职，因为孟子一有实权，就要推行仁政，而齐宣王就有压力了。齐宣王想在城里盖一栋房子让孟子住下来，以便有问题可以随时向孟子请教。

孟子听到齐宣王这么说，就说：“不敢请耳，固所愿也。”（《孟子·公孙丑下》）意即：我不敢主动请求罢了，这本来就是我所希望的。千古之后，听了这话不免伤感。这就是读书人的风格，很含蓄又很有理想，但人生很多事情不能勉强。至少孟子留下了这些思想，让我们可以学习与欣赏。

第三讲：高尚其志

我们明白孟子的浩然之气，也知道他“人性向善”的理论，接着就要探讨一个人该怎么立定志向。

孔子多次找机会与学生谈志向。人生如果没有志向与目标，力量就分散了。年轻时没有志向，年老时发现自己一事无成就太迟了，毕竟时间一去不复返。尤其在修养德行方面，要从小养成好的生活习惯，与别人互动的模式也是如此。所以谈到高尚其志的问题，可以从《孟子·滕文公上》里引述颜渊的话，颜渊说：“舜，何人也？予，何人也？有为者亦若是。”舜是什么样的人？我是什么样的人？有所作为的人也会像他那样。

《孟子》一书引用颜渊的话，实在让人感动。颜渊一辈子生活清苦，德行很高，得到孔子的称赞，但是我们很少听到颜渊的话。他的修养很好，但他是如何去做的呢？幸好孟子保留了这句话，可以显示颜渊取法乎上的特色，亦即他直接向舜学习，确实是最好的办法。孔子赞美微子、箕子、比干、伯夷、叔齐，但也赞美管仲。管仲的作为符合儒家的原则，把目标定位在自己与别人之间，实现了适当的关系。这是对历史事实的评价。孟子进一步提出一些假设的情况，他说："禹、稷、颜子，易地则皆然。"（《孟子·离娄下》大禹、后稷与颜渊，这三个人如果交换立场，都会做一样的事。

孟子说："大禹、后稷、颜回所遵循的原则是相同的。大禹想到天下有人溺水，就好像是自己让他们溺水；后稷想到天下有人挨饿，就好像是自己让他们挨饿，所以才会那么急迫要去拯救。大禹、后稷、颜回如果互相交换处境，所做的事也会一样。假定现在有同住一屋的人打架，为了阻止他们，即使披散着头发戴上帽子而未系帽带，也是可以的。如果是同乡的邻人打架，也披散着头发戴上帽子而未系帽带就赶去阻止，那就是糊涂了；这时即使关上门不管，也是可以的。"孟子认为这三人"易地则皆然"，因为人不能选择时代与社会，只能对自己的理想负责。儒家的"同道"，是把自我实现与人群福祉连在一起，"善"不能脱离自我与群体之间的关系网络。颜渊在当时的社会上，没有得到任何位置，所以也无事可做，他就安心修德。还好有一个孟子，了解颜渊同禹、后稷的责任感是一样的，因为颜渊的志向是要向舜学习。

肯定狂狷，批判乡愿

我们如果要高尚其志，首先要避免成为“乡愿”。孔子说：“乡愿，德之贼也。”（《论语·阳货》）不分是非的好好先生，正是败坏道德风气的小人。道德一定有是非、善恶，乡愿就是不分是非、不分善恶，一般可以解读为“好好先生”。不分是非也许能缓和紧张的气氛，但是长期下来无异于姑息养奸，让为善的人没有什么保障。

美国一位政治学者说，政治最怕残酷。好人没有好报，恶人没有恶报，政治人物没有社会正义，所有的人都变得残忍了。孟子对于乡愿有更完整的批评：“这种人，要指摘他，举不出具体的事；要责骂他，也没什么可责骂的；他顺从流行的风潮，迎合污浊的社会，为人好像忠诚老实，做事好像方正干净，大家都喜欢他，他也认为自己很好，但是却不可能同他一起实践尧、舜的正道，所以说他是‘伤害道德的人’。”（《孟子·尽心下》）若是对照《圣经》，乡愿就是耶稣所说的法利赛人。挑不出他的毛病，大家都喜欢他，他也认为自己很好，所以不会改善、不会进步。耶稣说，这种人是毒蛇的种子。耶稣专门批判那些有权力的阶级，“地狱的火为你们准备好了”，这让他们无法忍受，所以有权势的犹太人才会联手对付耶稣。

孟子批评乡愿的时候，几乎可以听到他咬牙切齿的声音。从孟子批判杨朱、墨翟的内容，就知道孟子的要求是高标准，取法乎上、绝不妥协。他以孔子作为后盾，引述孔子所说：“经过我门前，不进来向我请教，我不觉得遗憾的，就是乡愿。”乡愿没有真诚的心，迎合世俗的风潮。如果一个人 EQ 很高，和每个人都能协调各种情感，这并不是坏事，但是你不可能同这样的人一起实践尧舜的理想，“不可与入尧舜之道”。他阻碍了道德修养，而尧舜之道是要人成为君子、成为圣人。人生在世，其实有一个简单的目标，就是让自己的德行每天增加一点。人很容易熟悉自己，照镜子最喜欢的都是老样子，如果我们的德行一路走来，始终如一而没有长进，那就完了。儒家的思想后来在《易经》的《易传》里面，借各种不同的卦来发挥，就是要反复提醒世人，修德行善是每大都要做的，“自强不息，厚德载物，自昭明德”，就是要人不断地修炼德行。

很多事情，刚开始做的时候会觉得兴奋，做久了便感到习以为常，好像没什么特别的，最好来一点更刺激的。但是如果不断追求刺激，最后恐怕也很辛苦。真正值得兴奋的，应该是让自己每天都改善一点点，每天都增加一点点德行，昨天没做好的，今天要做好；今天做好了，明天可以更好。像这种高度的自我要求，是对内不对外，挑战非常大。以孝顺父母为例，小时候与父母相处，每个月都进步一点；到中年的时候，与父母的感情变得深刻，父母也会肯定子女的孝心。父母在生活上出现什么情况，你立刻知道，这就是你的德行不断在进展。

德行修养只能要求自己，要求别人会很辛苦。孟子最推崇舜，因为舜的快乐在于让父亲对他感到满意。舜的父亲曾经想尽办法要杀他，还好没有发生家庭悲剧。孟子说，舜可以让他的父亲快乐，天下做父亲的人都快乐了，因为舜使天下人都知道该如何与父母相处。奉行尧舜之道，就是不能有停下来的时候，每天都要问自己，我有没有比昨天进步一点？很多人说这样不是很累吗？但重点是能不能从中获得快乐。人生哪有不累的？每天吃饭睡觉会累；当学生念书也很累，希望早一点毕业；进了社会工作更累，希望早点退休；退休之后顿时失去重心还是很累。如果把人生的焦点，从外在拉到内在，让德行可以成长，至于外面所有的遭遇，就随遇而安吧！这就是儒家的特色。道家认为儒家太辛苦了，庄子嘲笑舜像一块羊肉发出膻味，所以蚂蚁跑来。老百姓就是蚂蚁，蚂蚁喜欢吃羊肉，羊肉不喜欢蚂蚁，但是没办法，谁叫你要发出这么特别的味道呢？最后自己成为天子，照顾百姓五十六年，再累再老也不能退休。

儒家肯定狂狷之士。一个人言行适中，该怎么说、该怎么做都恰到好处，就是中行者，不过这种人太少了。孔子说，找不到中行的人做朋友，就一定要找狂狷之士。“狂者进取，狷者有所不为也”（《论语·子路》），狂者有高尚的目标，一直要往上奋斗；狷者洁身自爱，有所不为。教育的目的，首先要让学生做狷者，让他们不屑于做没有格调的事，要洁身自爱，有所不为。孟子说得更清楚，一个人有所不为，才能够有所为。要排除某些选项，才能够珍惜自己所选择的。

进一步是作为狂者，狂者就是不断上进，志向高远。曾点就是孟子眼中的狂者，他觉得现代人不理想，要学习古代人。但缺点是“言不顾行，行不顾言”（《孟子·尽心下》），考察他们的行为，却未必与他们的言论吻合。这也是每个人的压力，我经常介绍儒家思想，但我真的可以做到儒家的要求吗？我仍在努力之中，人生就是要不断努力，如果要说都做到了，大概已经抵达生命的尽头。孟子对狂者的批评，适合每一个人。人的理想，总是和现实有距离，我们不必去挑这种小毛病，能有理想就很可贵了。

不畏权贵，舍生取义

孟子把德行培养好，在现实生活中表现出来的特色就是不畏权贵。孟子说：“说大人则藐之，勿视其巍巍然。堂高数仞，榱题数尺，我得志弗为也。食前方丈，侍妾数百人，我得志弗为也。般乐饮酒，驱骋田猎，后车千乘，我得志弗为也。在彼者，皆我所不为也。在我者，皆古之制也。吾何畏彼哉？”（《孟子·尽心下》）向权贵进言，就要轻视他，不要把他高高在上的样子放在眼里。殿堂几丈高，屋檐几尺宽，如果我得志，不会这么做；酒菜摆满一大桌，几百姬妾在伺候，如果我得志，不会这么做；饮酒作乐，驰骋打猎，追随的车子上千辆，如果我得志，不会这么做。在他所做的，我都不会做；在我所做的，都符合古代制度，我为什么要怕他呢？

我们不要随便讲谁怕谁，要先问自己能不能做到以上三点。多少人是“昔日之芳草，今直为此萧艾也”？当学生的时候，哪一个人不纯洁？哪一个人没理想？等当了大官，却变成“今之萧艾”，成为杂草。好人不努力，将来的下场就是如此。儒家认为人生不能松懈，那么，快乐从何而来？

人生三乐，胜于帝王

孟子说：“君子有三乐，而王天下不与存焉。”（《孟子·尽心上》）君子有三种快乐，而称王天下不在其中。这三种快乐是每一个人都可以得到的：第一，父母俱存，兄弟无故：这种快乐乍听之下，好像焦点在于小小的家庭中，然而事实上，人要有父母才可尽孝，有兄弟姊妹才可尽悌，由此推扩到其他人身上，称为顺其自然。在实现人性向善的要求时，父母家人不仅合乎自然情感的愿望，也提供了实现人性的基础，这不是一大快乐吗？

第二，仰不愧于天，俯不怍于人：人对“天”会觉得愧与不愧，因为天是至高主宰，并且天赋予人某种使命，亦即“存其心，养其性，所以事天也”（《孟子·尽心上》）所肯定的。孟子对天的信念是一贯的，只有存着谦卑及敬畏的心，人才可以在德行上日新又新。

对别人没有惭愧，亦即没有对不起什么人，其实比较简单。但是对天不觉得惭愧，就要问自己，在别人不知道的情况之下做了什么，这即是慎独的问题。在《大学》《中庸》都提到慎独，一个人独处的时候，能不能谨慎？不要以为没有人看到就没有人知道，天是知道的。孔孟都相信天，把天当作一个有意志的主宰，否则孔子为什么说天命？孟子为什么说“天欲平治天下，当今之世，舍我其谁也？”孔孟所说的天不是自然之天，而是某种意义的神明，所以才要“仰不愧于天”。

信仰宗教的人知道，不愧对别人比较容易做到，但是不愧对自己所信仰的宗教却很难。宗教所要求的，不是只有外在的法律规范，还有内心最深刻的起心动念。以佛教为例，老和尚与小和尚要过河的时候，看到来了一个漂亮的姑娘，姑娘一看河水，便说：“哎呀，河这么深我不敢过，你们谁背我吧！”小和尚立刻闪开：“开玩笑，我们出家人怎么可以背你呢？”老和尚却背着姑娘过河了。而后两个和尚回到庙里，当晚，小和尚越想越气，就问老和尚说：“你今天为什么要背那个姑娘呢？”老和尚说：“我把她背过河就放下了，你到现在还没有放下。”真正重要的不是做了什么事，而是存心。对老和尚来说，他只是看到一个姑娘需要帮忙，并不在乎她漂不漂亮、年不年轻，并且把人背过河后，他就继续做他应该做的事。

这样的故事，一听就知道宗教要求的是起心动念，儒家也有这种最纯粹、最完美的要求。人如果不从这种要求下功夫，所有的一切都只能达到很低的程度，做一些算一些，别人说我不错，大家都差不多，人生就如此浪费了。对于人生高标准的要求，宗教如此，儒家亦然。很多学者说儒家本身不是宗教，但是具有宗教情操。西方学者说中国有三大宗教，佛教、道教，加上儒教，但是他们说儒家是国家宗教，这么一来，又不是很理想。国家是一个政治单位，儒家如果是国家宗教，等于把天子当作教主了，满朝官员岂不变成教士了？事实上，天子自身能够达到完美的境界吗？这真是难上加难，因为权力容易使人腐化。历代以来，儒家与官方的关系，有时候非常复杂。

孔子、孟子是原始的与纯粹的儒家，后代很多读书人只是表面上念念书，希望做个儒者而已，又有几个人可以掌握“仰不愧于天，俯不怍于人”这句话的真谛？“天”不是天空，而是有意志、像神明一样的主宰，简直等于西方的上帝了。仰不愧于天，是问自己有没有做出什么让天来责怪的事，如果没有，才能够展现浩然之气。

第三，得天下英才而教育之：“教育”二字并不是老师这个行业的专利，而是每一位前辈或长辈都可以进行的。只要把自己的专长或心得，教给有心上进之人，都可得到这种快乐。我实在太幸运了，教书近四十年，得天下英才而教育之。很多人问我，是不是因为我在一所好大学教书？如果得天下英才而教育之是指在像台大、“清华”或其它重点大学教书的话，那未免太幼稚了，这种快乐有几个人可以得到呢？你问这些好学校的教授都快乐吗？也不见得，因为学生优秀，对老师也是压力。在这里我们必须先了解什么叫作英才？有志上进的人就是英才，这即是儒家的立场。

我这样解释，要回到孔子的思想来做个说明，不然会变成我自己的偏见。孔子说：“中人以上，可以语上也；中人以下，不可以语上也。”（《论语·雍也》）一般人把这句话翻译成：中等资质以上的，可以同他讲高深的道理；中等资质以下的，就没办法同他讲高深的道理？然而这样的翻译是不对的，这样一来，表示我们先把学生分等级了，结果发现百分之八十都是中等生，中等以上只占百分之十，中等以下也只占百分之十。如果中等以上的人，可以同他讨论高深的问题，那么有没有包括中等的人呢？如果包括，不是百分之九十的学生都可以跟他们讲高深道理了吗？中等资质以下的人，不能同他谈论高深的道理，那么有没有包括中等的人呢？假使又包括，那中等资质的学生在中间，上面也要听、底下又不能听，那不是很奇怪吗？

所以这句话应该翻译为：中等资质的人愿意上进，就可以告诉他们高深的道理；中等资质的人自甘堕落，就没办法告诉他们高深的道理了。大多数人都是中等资质的人，孔子说过“唯上智与下愚不移”（《论语·阳货》），这句话就是证据。只有最明智与最愚昧的人是不会改变的，所以对他讲什么都没用。学生本身是否愿意上进，才是关键。儒家重视教育，两千多年以来，不把这句话说清楚，怎么谈教育呢？

孟子所谓得天下英才而教育之的“英才”，就是指有心上进的人，而不是只把会念书的当作英才的标准。儒家从来不会只重视念书考试升学，儒家更重视德行。孟子说，能得到天下那些有心上进的年轻人来教导，是第三种快乐。如此，孟子的思想系统用快乐作为最后的验证，就非常理想了。

孟子说，一个人“父母俱存，兄弟无故”，比当帝王更快乐。父母健在时，自己对父母的孝心可以实现；父母健在时，自己会更懂得尊重年纪大的长辈。孟子几乎可以说是舜的知音，他说舜这个人，“天下的士人喜欢他，这是人人想要的，却不足以消除他的忧愁；美丽的女子是人人想要的，他娶了帝尧的两个女儿，却不足以消除他的忧愁；财富是人人想要的，他有了天下的财富，却不足以消除他的忧愁；尊贵是人人想要的，他尊贵到当了天子，却不足以消除他的忧愁。士人的喜欢、美丽的女子、财富与尊贵，没有一样足以消除忧愁的，只有顺了父母的心意，才可以消除忧愁。”孟子这段话，让人看了真是感动，真正的答案是“惟顺于父母，可以解忧”（《孟子·万章上》），只有顺了父母的心意，让父母开心了，才可以消除他的忧愁。

孟子如此推崇舜，是因为舜能够在父亲、后母、弟弟联手要杀害他时，仍努力尽孝，《孟子·万章上》有非常详细的记载。

万章说：“父母叫舜修理谷仓，等他上了屋顶就抽掉梯子，父亲瞽叟还放火烧谷仓。他们又叫舜去疏通水井，然后把井口盖起来，却不知舜从旁边挖洞出来了。舜的弟弟象说：‘谋害舜都是我的功劳，牛羊分给父母，粮食分给父母，干戈归我，琴归我，弓归我，让两个嫂嫂替我整理床铺。’

象走进舜的屋子，舜坐在床边弹琴。象说：‘我真是想念你啊！’神情颇为尴尬。舜说：‘我惦念着这些臣下和百姓，你替我去管理吧。’我不清楚舜是真的不知道象要杀害他吗？”

孟子说：“怎么会不知道呢？不过，看到象忧愁，他也忧愁；看到象高兴，他也高兴。”

万章说：“那么，舜是假装高兴的吗？”

孟子说：“不。从前有人送条活鱼给郑国的子产，子产叫主管池塘的人把鱼养在池子里，这人却把鱼烹煮吃了，回来报告说：‘刚放进池子里，它还不太活动，一会儿就摇摆着尾巴游开了，一转眼就游到远处不见了。’子产说：‘找到了好去处啊！找到了好去处啊！’这人出来后说：‘谁说子产聪明？我把鱼烹煮吃了，他还说找到了好去处啊！找到了好去处啊！’所以，对于君子，可以用合乎情理的事欺骗他，却很难用违背他原则的事来蒙骗他。象装着敬爱兄长的样子来了，舜就真心相信而喜欢他，有什么假装的地方呢？”

万章请教说：“象每天都把谋杀舜当成自己要做的事，舜成为天子之后却只是放逐他去外地，这是什么缘故？”

孟子说："是封象为诸侯，有人说是放逐罢了。"

万章说："舜把共工流放到幽州，把驩兜放逐到崇山，在三危杀死三苗的君主，在羽山处决了鲧；将这四人治了罪，天下便都归服，因为惩罚的是没有仁德的人。象是最没有仁德的，却封给他有庳。有庳的百姓有什么罪过呢？有仁德的君主竟然可以这么做吗？对别人就严加惩罚，对弟弟就封给他国土？"

孟子说："有仁德的人对待自己的弟弟，既不存着怒气，也不留着怨恨，只是想要亲近他、爱护他而已。亲近他，就要让他尊贵；爱护他，就要让他富有。把有庳封给他，就是要使他既富有又尊贵。自己当了天子，弟弟却是一个百姓，这样能说是亲近他、爱护他吗？"

万章说："请问，有人说是放逐，这话怎么说呢？"

孟子说："象不能在他的国土上任意行事，天子派遣官吏治理他的国家并且收取贡税，所以会说他是被放逐。象怎能虐待他的百姓呢？虽然如此，舜还是想常常看到象，所以象也不断来和舜相见。所谓：'不必等到朝贡的日子，平常也以政事为名接见有庳的国君。'就是在说这件事啊。"

《孟子·尽心上》，桃应请教孟子说："舜是天子，皋陶是法官，如果瞽叟杀了人，应该怎么办？”

孟子说：“逮捕他就是了。”

桃应说：“那么舜不会阻止吗？”

孟子说：“舜怎么能阻止呢？皋陶是于法有据的。”

桃应说：“那么，舜又怎么办呢？”

孟子说：“舜把丢弃天下看成是丢弃破草鞋一样。他会偷偷地背着父亲逃跑，沿着海边住下来，一辈子开开心心，快乐得忘记了天下。”

舜若仍居天子之位，就必须维持法律，依法审判瞽叟。但是，他若下台成为百姓，就会以孝道为先，想尽办法保护父亲。这种观念，与孔子所谓“父为子隐，子为父隐，直在其中矣”的立场是一致的。儒家并非以情害法，而是肯定人情为恒在的，是人性的自然表现。情与法不能兼顾时，则以不违人情为要。

所以，真正的儒家思想有原则、有立场、有变通，也知道什么是最根本的，一个人如果不能同父母与兄弟姊妹处得好，“一室之不治，何以天下国家为？”然而很多人都觉得，一家人相处真不容易，星座相克、八字相冲的都有，但这就是磨炼和修炼。如果觉得和家人相处不容易，就想想舜吧，有比舜更惨的吗？儒家引述一些古代历史，至于是不是真有这些事，还可以研究，但至少孟子读过很多书。司马迁《史记》中的《五帝本纪》也可以看到确实有类似的故事。

孟子肯定的第一种快乐是“父母俱存，兄弟无故”，我们不要把它想成狭隘的家庭主义，而要解读为：人的真诚情感，一定是从父母与兄弟姊妹开始，这是本能的自然愿望，再由此延伸出去，推广到天下人，做到“仰不愧于天，俯不怍于人”。我们一再强调，从这几个角度，一方面是我与别人的关系，要从最亲近的到最疏远的天下人。很多人不喜欢《孟子》，是因为它编排的顺序，前面几篇都是和国君的对话，谈到政治，大家都觉得很疏远。但是不要忘记，孟子说了几句话之后就会谈到老百姓。譬如，国君去打猎，好多队伍跟着跑，老百姓就抱怨了，国君自己一个人享受，我们却受苦受难。相反地，如果国君照顾老百姓，国君出去打猎，老百姓就会说我们的国君身体一定很健康，不然怎么能打猎呢？国君在皇宫里面听音乐，音乐声传到宫墙外，老百姓说，我们的国君一定很健康，不然怎么能听音乐呢？（《孟子·梁惠王下》）孟子描写得多么生动，让这些国君听了之后心向往之，也真的希望当自己享受时，老百姓也能一起快乐，与民偕乐。

孟子提到“反身而诚，乐莫大焉”“君子有三乐”，我们也可以明白，原来学习儒家很快乐。如果修德行善要先了解各种理论，现在也都没有问题了，因为最后是快乐的。

主题四：人格修养六境

第一讲：效法圣贤典型

孔子心目中的“圣”有极高的标准，他曾经说过：“圣人，吾不得而见之矣；得见君子者，斯可矣。”（《论语·述而》）圣人，我是没有机会见到了，能够见到君子，也就不错了。孔子接着又说：“善人，吾不得而见之矣；得见有恒者，斯可矣。”善人，我是没有机会见到了，能够见到有恒的人，也就不错了。这里出现四个名词，圣人底下是君子，善人底下是有恒者。一个人有恒，可以成为善人。讲到儒家“善”的观念时，不必想象人生下来是本善的，善人是需要不断努力实践，但是一定要有恒心。因为向善，所以需要有恒，不断地做，到最后成为善人。

在圣人这个标准底下有君子，君子是准备成为圣人的。所以努力做个君子，最后有可能成为圣人。两者的差别在于，孔子认为圣人一定牵涉到所谓的内圣外王。“内圣外王”一词出现在《庄子·天下》。儒家以此为理想，子贡请教孔子：“如有博施于民而能济众，何如？可谓仁乎？”（《论语·雍也》）广泛施恩给百姓，又能够帮助百姓，这样算行仁吗？孔子的志向“老者安之”云云也是类似的观念。孔子听了之后，回答说：“何事于仁，必也圣乎！尧舜其犹病诸！”这样何止于行仁，一定要说的话，已经算是成圣了！连尧舜都会觉得难以做到啊！这代表尧舜可以称为圣人，但是这样的圣人也有做不到的事。

孔子也说尧舜都觉得很难做到“修己以安百姓”（《论语·宪问》），修养自己，然后安定天下百姓。修养自己就是追求内圣，使自己具有完美的德行，然后称王天下照顾百姓。儒家对于人间的了解在于，一个人成为帝王有其条件，如果内在的德行能够与外在的事功配合，就是真正的圣人。孔子的标准非常高，他没见过圣人，尧舜可以算圣人了，不过还是有值得努力的地方。

有一次太宰（有人说是吴国的大夫伯嚭）请教子贡：“孔子是一位圣人吧？为什么有这么多才干呢？”他以为圣人是才干与能力过人者。子贡说：“这是天要让他成为圣人，并且具有多方面的才干。”孔子听到这段话，就说：“这个太宰了解我啊！”“吾少也贱，故多能鄙事”，我年轻时贫困卑微，所以学会了一些琐碎的技艺。孔子最后又加了一句：“君子多乎哉？不多也。”（《论语·子罕》）做一个君子，需要具备这么多才干吗？我想其实是不需要的，因为修德为重。

孔子没有正面答复自己算不算圣人，他公开说的是：“若圣与仁，则吾岂敢？抑为之不厌，诲人不倦，则可谓云尔已矣。”（《论语·述而》）像圣与仁的境界，我怎么敢当？如果说是以此为目标，努力实践而不厌烦，教导别人而不倦怠，或许我还可以做到。

孟子说：“从前子贡请教孔子说：‘先生是圣人了吧？’孔子说：‘圣人，我做不到，我只是学习而不厌烦，教人而不倦怠。’子贡说：‘学习而不厌烦，就是明智；教人而不倦怠，就是仁德。仁德加上明智，先生已经是圣人了。’圣人，孔子还不敢自居。”（《孟子·公孙丑上》）孔子的学生称赞孔子也许很主观，但是隔了一百多年，到孟子的时候应该比较客观了吧。也有人说孟子也算儒家，他也不太客观，这样说来就很难做任何评论了。

孔子的时代，“圣人”还是比较模糊的概念，往往只是指称少数帝王，兼具德行和事功。到孟子的时候，他的标准比较宽，常使用“圣人”一名，“我要努力学习这三位圣人，大禹治好洪水，周武王起来革命，还有孔子用他的言论来匡正人间的观念。”（《孟子·滕文公下》）孟子说的圣人，是指古代对老百姓有功的人，而他的目标很明显，要学习这些伟大的人。

圣人类型：清者，和者，任者，时者

《孟子·万章下》明确区分四种圣人：“伯夷是圣人中清高的；伊尹是圣人中负责的；柳下惠是圣人中随和的；孔子则是圣人中最合时宜的。”他以伯夷、伊尹、柳下惠、孔子四人为例，分别代表圣人之中的“清者、任者、和者、时者”，并且以孔子为集大成。“时者”为何特别困难，一方面有始有终，另一方面能以智慧配合圣德，使生命犹如一首完美的乐章。

我们先说明这四种人格典型，然后分析我们能向他们学习之处。第一，孟子眼中的伯夷是："伯夷，眼睛不看邪恶的事物，耳朵不听邪恶的话语。不是理想的君主不去服侍，不是理想的百姓不去使唤。天下安定就出来做官，天下动乱就退而隐居。施行暴政的国家，住有暴民的地方，他都不愿去居住。他觉得与没教养的乡下人相处，就像穿礼服戴礼帽坐在泥土炭灰上一样。在商纣当政时，他住在北海的海边，等待天下清明。因此，听说了伯夷作风的人，贪婪的变得廉洁了，懦弱的立定志向了。"

商朝末年，天下形势动荡不安，有一个小国叫孤竹国，国君有三个儿子，伯夷是老大、叔齐是老三，他们约定去投靠周文王，好让老二接掌国君的位置。当时很多人都抢着做国君，他们的作为便显得相当难得。周文王死后，武王准备革命，伯夷、叔齐两兄弟就拉着他的马不让他走。夏朝四百多年、商朝六百多年，大家习惯了天下是商朝的，"普天之下，莫非王土；率土之滨，莫非王臣"（《诗经·小雅·北山》），革命不是太可怕了吗？周武王顺天应人，不能不革命，两兄弟就跑到首阳山上，"义不食周粟"（《史记·伯夷列传》），他们不吃周朝的米，最后饿死了。他们天生个性就非常清高，一生坚持到底，达到最高点，所以称作圣人。因此伯夷是圣人中最清高的。

第二，柳下惠。孟子说："柳下惠不以坏君主为羞耻，也不以官职低为卑下。入朝做官，不隐藏才干，但一定遵循自己的原则。丢官去职而不抱怨，倒霉穷困而不忧愁。与没教养的乡下人相处，他态度随和不忍心离开。'你是你，我是我，你即使在我旁边赤身裸体，又怎能玷污我呢？'所以，听说了柳下惠作风的人，狭隘的变得开朗了，刻薄的变得敦厚了。"

关于柳下惠的故事很多，最有名的是有一次柳下惠远行，夜宿在城外，有一女子前来投宿，时值冬日，天气寒冷，柳下惠便让其坐在怀中取暖，一整夜都没有发生任何越礼之事。柳下惠很随和，也不会挑别人毛病。他姓展，柳下惠是后来的谥号。《庄子·盗跖》，依据庄子的说法，柳下惠有一个弟弟是强盗，名叫跖。这个弟弟太聪明了，"心如涌泉，意若飘风"，八个字就把他的才华写出来了。"心如涌泉"是他的心思像泉水涌出来挡不住；"意若飘风"是他的念头像飘风一样，没有人赶得上。

孟子认为，听说了伯夷作风的人，贪婪的变得廉洁了，懦弱的立定志向了。听说了柳下惠作风的人，狭隘的变得开朗了，刻薄的变得敦厚了，“圣之清者，圣之和者”是两种不同的类型。不过，孟子也说：“伯夷器量狭隘，柳下惠态度不严肃。狭隘与不严肃，君子是不这么做的。”由此可见，孟子希望能取其中道。

第三种类型，“圣之任者也”，伊尹。孟子说：“伊尹说：‘对任何君主都可以服侍，对任何百姓都可以使唤。’天下安定出来做官，天下动乱也出来做官，并且说：‘天生育了这些百姓，就是要使先知道的去开导后知道的，使先觉悟的去启发后觉悟的。我是天生育的百姓中先觉悟的人，我将用尧、舜的这种理想来使百姓觉悟。’天下的百姓，如果有一个男子或一个妇女没有享受到尧、舜的恩泽，就像是自己把他们推进山沟里一样。他就如此把天下的重任担在自己肩上。”

孟子说：“地位卑下时，不以贤者的身份服侍不贤的君主，这是伯夷的作风；五次去汤那里服务，五次去桀那里服务，这是伊尹的作风；不厌恶昏庸的君主，不拒绝卑微的官职，这是柳下惠的作风。以上三人的作风不同，但方向是一样的。一样的是什么？应该说，就是仁德。君子只要实行仁德就好了，何必要做法相同呢？”（《孟子·告子下》）人生的快乐是修德行善，一般人如果不懂道理，不容易把修德行善当作快乐，反而会把修德行善当作压力与痛苦。一个人只要懂得人性向善的道理，行善自然就会快乐。尧舜之道的基本立场也是一样的。

最后谈到孔子，孟子最希望学的是孔子，“孔子离开齐国时，捞起正在淘洗的米就上路；离开鲁国时，却说：‘我们慢慢走吧，这是离开祖国的态度。’应该速去就速去，应该久留就久留，应该闲居就闲居，应该做官就做官，这是孔子的作风。”

伯夷、柳下惠、伊尹这三种圣人，只能把自己的性格推到极点，各有一种特定的表现，而孔子兼具各种表现。孟子的判断是依据《论语·微子》，孔子说：“志节不受委屈，人格不受侮辱的，是伯夷、叔齐吧！”又说：“柳下惠与少连，志节受委屈，人格受侮辱，可是言语合乎规矩，行为经过考虑，就是如此吧！”又说：“虞仲与夷逸，隐居起来，放言高论，人格表现廉洁，被废也合乎权宜。我是与这些人都不同的，没有一定要怎么做，也没有一定不要怎么做。”孔子随机应变，因为时机不同，不可以一意孤行，胶柱鼓瑟。难怪孔子会说没有人了解他，因为无法全面认识他的思想，没有一定要这样，也没有一定不要这样，这就是儒家的智慧。

儒家的智慧符合现代人的需要，为人处世要有原则，但是也要有弹性，若是任何事情一路做到底就糟了。孟子说：“大人者，言不必信，行不必果，惟义所在。”（《孟子·离娄下》）这也是无可无不可。看情况并不是要看风向，而是要保持高度的警觉，保持一颗清明的心，随时做正确的判断，这是智慧的挑战。孟子就是这样称赞孔子的。

孟子以孔子为典范，所以他对事情也有清楚的判断。《孟子·梁惠王下》记载：鲁平公准备外出，宠臣臧仓请示说：“平日国君外出，一定告诉执事官员要去的地方。现在车马已经预备好了，执事官员还不知道您要去哪里，因此冒昧请示。”鲁平公说：“要去见孟子。”臧仓说：“国君降低自己的身份主动去见一个普通人，是为了什么？是认为他是贤良的人吗？贤良的人应该做到守礼与义行，但是孟子为母亲办的丧事，排场超过先前为父亲办的丧事。您别去看他吧！”鲁平公说：“好。”

乐正子前去谒见，说：“国君为什么不去见孟轲呢？”鲁平公说：“有人告诉我，‘孟子为母亲办的丧事，排场超过先前为父亲办的丧事’，所以我不去见他。”乐正子说：“您所谓的超过是指什么呢？是指先前用士礼，后来用大夫之礼；先前用三个鼎摆设供品，后来用五个鼎摆设供品吗？”鲁平公说：“不，我所指的是棺椁衣物的华美。”乐正子说：“这不叫超过，而是前后贫富不同的缘故。”

乐正子去见孟子，说：“我向国君说过，他打算来看您的。宠臣中有个叫臧仓的阻止他，所以他最后没有来。”孟子说：“要来，有鼓动的力量；不要来，有阻止的力量。来与不来，不是人力所能左右的。我不能与鲁侯会晤，那是天意。姓臧的这个人怎能使我不与鲁侯会晤呢？”

孟子到鲁国去安葬母亲，返回齐国时，在嬴地停留。充虞请教说：“前些日子您不知我没有才干，派我监理棺椁的制造，当时事情急迫，不敢请教。现在想冒昧问一下，棺木好像太华美了吧？”孟子说：“上古对于棺椁的厚度没有规定，中古规定棺七寸，椁的厚度与棺相称。从天子直到百姓，讲究棺椁不只是为了美观，而是要这样才算尽了孝心。如果受法令限制不能这么做，就不会称心；如果没有钱财可以这么做，也不会称心。既合法令又有钱财，古代人都这么做了，为什么只有我不可以呢？并且能使泥土避免靠近死者的肌肤，在人子心中难道不欣慰吗？我听说过：君子不会因为爱

惜天下财物而俭约父母的丧事。”（《孟子·公孙丑下》）

孟子与墨家谈到丧礼的来源：“大概上古曾有不埋葬父母的人，父母死了就抬去丢在山沟里。过了几天经过那里，看见狐狸在啃他父母的尸体，苍蝇蚊虫也在上面吸吮。那人额头上冒出汗来，斜着眼不敢正视。这些汗不是流给别人看的，而是内心的悔恨表露在脸上，于是他就回家拿了锄头、畚箕把尸体掩埋了。掩埋尸体确实是对的，那么孝子仁人埋葬他们过世的父母，就必定有道理了。”（《孟子·滕文公上》）这是孟子合理的推论。任何人要批评孟子，他都会说出自己的理由，因为他也是学习孔子，深具智慧。

孟子讲了一段很生动的话：“伯夷是圣人中清高的，伊尹是圣人中负责的，柳下惠是圣人中随和的，孔子是圣人中最合时宜的。孔子可以说是集圣人的大成。所谓集大成就像开始奏乐时先敲镈钟，最后击玉磬来结束。镈钟的声音，是旋律节奏的开始；玉磬的声音，是旋律节奏的结束。开始奏出旋律节奏，要靠智慧；最后奏出旋律节奏，要靠圣德。智慧有如技巧，圣德有如力气。就像在百步以外射箭，射到目标区那一带，是靠你的力气；射中目标，就不只是靠你的力气了。”

要效法孔子，不但要有德行，还需要智慧加以配合。孟子说的前面三种圣人都有各自的性格，就像我们会有不同性格的朋友，有的性格比较温和，一辈子就温和到底；有的性格比较勇敢，一辈子勇敢到底。事实上温和是很好，但偶尔要勇敢一点；勇敢也很好，不过偶尔要温和一点。大多数人一辈子都走在自己性格早已设定的路上，不能变通。性格就是命运，改变需要智慧。一个真诚的人，一辈子努力按照性格的趋向去做，可以成为一种特定的圣人，如果还努力学习培养智慧，那就有希望学到孔子“圣之时者也”，该怎么样就怎么样，一切依时机而定。

我们在累积丰富的人生经验后，会发现好人有时很难相处。水清则无鱼，这个人太高尚了，同他在一起，好像只能关心他有兴趣的事情，除此之外，他看也不看。一个社会比较需要有原则又能随机应变的人，整个社会才有活泼的创新力量。孔子在德行之外，还加上了智慧。人是有理性的，理性透过学习、培养、发展，可以构成智慧。智慧是什么？西方对于“哲学”的解释就是爱好智慧。智慧不是一般的信息或知识，而是一定会牵涉到完整而根本的见识。如果对人生有完整而根本的理解，就代表拥有智慧了。

少数的天才年纪很轻时就可以了解完整而根本的智慧。注解《老子》的王弼（公元 226 年—公元 249 年），得年才二十三岁，却是一个伟大的学者，因为他设法从完整、根本的角度来说明老子的系统，这就是智慧。孔子的智慧是显而易见的，他博学多闻，又能够建构系统。至于其他几位圣人，就不确知他们有没有特殊的训练与学习的过程，我们只知道伯夷在历史的舞台上，成为司马迁《史记》的列传之首。

舜的表率：从孝顺到治天下

对孟子来说，除了上述这四位圣人，尧、舜当然也是圣人的代表。孟子较少谈及尧，但对舜特别有研究。舜的事迹不少，而孟子不厌其烦强调的是舜的孝顺。孝顺是每个人最基本的要求，如果做不到孝顺，就无法爱护百姓、关怀朋友。孟子说："身居下位而得不到长官的支持，是不可能治理好百姓的。要得到长官的支持有方法，如果不被朋友信任，就得不到长官的支持了。要被朋友信任有方法，如果侍奉父母未能让父母高兴，就不会被朋友信任了。要让父母高兴有方法，如果反省自己却不够真诚，就无法让父母高兴了。要真诚反省自己有方法，如果不明白什么是善，就不能真诚反省自己了。因此，真诚是天的运作模式，追求真诚是人的正确途径。极端真诚而不能使人感动，是不曾有过的事；如果没有真诚，是绝不能感动别人的。”（《孟子·离娄上》）

《中庸》对此发挥得十分透彻，亦即“明善诚身”。如果不明白什么是善，就很难让自己真诚。因为人性向善，不了解善的话，将会抓不到重点。《中庸·第二十一章》：“自诚明，谓之性；自明诚，谓之教。诚则明矣，明则诚矣。”由真诚而能明善，是天性。由明善而能真诚，是教化。真诚到一定程度就会明善；明善到一定程度就会真诚。

教育不是教人念书考试，而是教人如何做人处世。懂了做人处世的道理，才能够理解人应该由内而发地真诚，化被动为主动。从明到诚是教育，如果没有机会受教育，就要由诚而明。我很真诚，发现力量由内而发，才知道我做的事情是善的。《中庸》的内容精彩扼要，与其说是子思所作，不如说是在孟子以后发展而成。从孟子所说“诚身有道，不明乎善，不诚其身矣。是故诚者，天之道也；思诚者，人之道也。

至诚而不动者，未之有也；不诚，未有能动者也”这一段话看来，正好完全呼应。

任何一种德行，只要认真去做，最后就能炉火纯青。最怕的是分散力量，同时想做三件事，却没有一件做得好。孔子也说：“晏平仲善与人交，久而敬之。”（《论语·公冶长》）通常我们与人交往越久，越不容易受人尊重了，因为掌握不到分寸。这是儒家所要提醒我们的。

以孔子为师

孟子说：“孔子曾经做过管理仓库的小吏，他说：‘账目核对无误就行了。’又曾经做过管理牲畜的小吏，他说：‘牛羊长得肥壮就行了。’地位低下而议论朝廷大事，是罪过；在君主的朝廷上做官而正道无法推行，是耻辱。”（《孟子·万章下》）孔子年轻时做过“委吏”“乘田”。这一段是十分宝贵的资料，使我们对孔子所谓的“吾少也贱，故多能鄙事”，以及“吾不试，故艺”（《论语·子罕》），得到更清楚的了解。唯其在年幼时多受考验，才可历练出卓越不凡的性格与抱负。孟子以孔子为师，学习孔子的智慧。智慧不是凭空而来的，一定需要在事上磨炼，以至任何情况都能掌握住，什么是我的原则？什么是我的变通？孟子效法圣贤典型，努力把这些圣人的做法都学会。

孟子说自己效法禹、周武王还有孔子，而以孔子为最，因为“社会纷乱，正道不明，荒谬的学说、暴虐的行为又纷纷出现了。有大臣杀君主的，有儿子杀父亲的。孔子感到忧惧，编写了《春秋》。《春秋》对历史人物做评价，这原是天子的职权。所以孔子说：‘了解我的，大概就在于这部《春秋》吧！怪罪我的，大概就在于这部《春秋》吧！’

“现在，圣王不再兴起，诸侯无所顾忌，士人乱发议论，杨朱、墨翟的说法到处流行。天下的言论，不是归向杨朱一派，就是归向墨翟一派。杨朱主张一切都为自己，这是无视于君主的存在；墨翟主张爱人不分差等，这是无视于父母的存在；无视于父母与君主的存在，那就成禽兽了。公明仪说：‘厨房里有肥肉，马厩里有肥马，可是百姓面带饥色，野外有饿死的尸体，这等于率领野兽来吃人。’

“杨朱、墨翟的思想不消除，孔子的思想不发扬，荒谬的学说就会欺骗百姓，阻塞仁德与义行。仁德与义行被阻塞，就会导致率领野兽来吃人，人与人也将互相蚕食。我为此感到忧惧，所以要捍卫古代圣人的思想，批驳杨朱、墨翟的说法，排斥荒诞的言论，使那些宣传邪说的人不能得势。偏邪的思想从心里产生，就会误导他的行事；在行事上表现出来，就会危害他的政治。即使圣人再度出现，也不会改变我的这番话。”（《孟子·滕文公下》）

儒家的思想，是把“正义”放在历史的过程中加以实践，儒家不是宗教，宗教直接论断死后审判、死后轮回，儒家的做法则是合乎古代的背景。《易经·坤卦·文言》说：“积善之家，必有余庆；积不善之家，必有余殃。”以家为单位，善恶会报应在子孙身上，很多人也会警惕自己不可祸延子孙，不过，子孙毕竟还是少数人的范围。中国历史特别重视善恶的判断，这里不能谈永恒，而历史是时间的延长，就用这个方式来提出善恶的判断，让活着的人感到警惕。虽然没有信仰宗教，但是历史上把我的名字写成坏人，那总是很难看吧！孟子特别提到周厉王与周幽王，厉代表凶残，幽代表阴暗，这两个王被称为厉王、幽王，就算之后有一百代好的子孙，也不能把他们祖先的污名给去掉。

太史公用历史作为善恶的验证。司马迁写《史记》的时候，要“究天人之际，通古今之变，成一家之言”，这种理想是受儒家思想的影响。他的家学，是同样身为太史公的父亲司马谈一代代传承下来的。孔子编写《春秋》，代替天子来评定人间善恶，使天下重归正道，但事实上，后代的历史并不见得那么客观，有很多都是选择性的解释，甚至还有根据帝王的意思去调整的。所以我们看到圣贤典型，孟子为什么要批判杨墨，他就是要学孔子。孟子的时代，“天下之言，不归杨则归墨。杨氏为我，是无君也；墨氏兼爱，是无父也。无父无君，是禽兽也”，讲到激动处时，孟子甚至说“圣人复起，必从吾言矣”（《孟子·公孙丑上》）。

孔子对圣人的看法与孟子的不太一样，孟子具体化找几个人物作为代表，圣之清者、圣之和者、圣之任者，孔子集大成，代表圣之时者，是最高的理想，有如金声而玉振，指的正是孔子的教化。

我们可以学习圣人的各种典型，按照自己的个性努力修德，或许可以做到其中的一种，但是要达到孔子的圣之时者的理想，一定要培养应用的智慧，这样才合乎孟子要求的标准。

第二讲：人格的六种境界

一般谈到人格修养，总觉得是个庞大的压力，好像永无止境，不是做到一定程度就能停止，那么究竟要如何才能达到圆满呢？孟子的学生乐正子要回鲁国做官，孟子高兴得睡不着觉。别人问他，乐正子是怎样的人？孟子说他好善，喜欢做善的行为、喜欢听善的言语（《孟子·尽心下》）。一个人无论天生资质如何，如果不好善，那就没得谈了。

《孟子》一书中，非常肯定好善的表现。孟子说："子路，别人指出他的过错，他就欢喜。禹，听到良善的言辞就拜谢。伟大的舜更是了不起，善行与别人分享，舍弃自己而追随别人，乐于吸取别人的优点来自己行善。从当农夫、陶工、渔夫，直到成为天子，没有一项优点不是向别人学来的。吸取众人的优点来自己行善，就是偕同别人一起行善。所以君子最高

的楷模就是偕同别人一起行善。”（《孟子·公孙丑上》）

“与人为善”，帮助及偕同别人一起行善，是儒家的基本主张，因为“善”是“个人与他人之间适当关系的实现”，所以一人行善，自然会有相关之人受到正面影响。但是，自觉此一效应而努力行善，仍是作为君子的最高目标。孟子将子路与禹、舜并列讨论，深具历史眼光。由此可知，孟子认为外在成就（如帝王将相）各有其时代背景，但在人格修养方面，大家是站在同样的基础上，并且全靠各自努力才会有所成就。

舜的事迹，可见《史记·五帝本纪》：“舜耕历山，历山之人皆让畔；渔雷泽，雷泽之人皆让居；陶河滨，河滨器皆不苦窳……一年而所居成聚，二年成邑，三年成都。”舜的善行与别人分享，舍弃自己而追随别人，乐于吸取别人的优点来自己行善，最后每一个人都佩服舜，因为舜的身上有自己的优点，同时还有很多别人的优点。

乐正子好善，喜欢做善的行为、喜欢听善的言语，这个优点就胜过别的优点了。但是后来乐正子的表现，孟子就不是很满意。有一次乐正子跟随王子敖到了齐国。乐正子去见孟子。孟子说：“你也来看我吗？”乐正子说：“先生为什么说这样的话呢？”孟子说：“你来了几天了？”乐正子说：“昨天到的。”孟子说：“昨天，那么我说这样的话，不也是应该的吗？”乐正子说：“因为住所没有找好。”孟子说：“你听人说过，要住所找好了才去求见长辈的吗？”乐正子说：“我做错了。”孟子对乐正子说：“你跟随王子敖来到齐国，只是为了饮食而已。我没想到你学习古人的理想，竟然是为了饮食。”（《孟子·离娄上》）乐正子当学生的时候很有理想，但是做官之后，孟子觉得他有时候还是迁就了很多官场的现实。

浩生不害问：“乐正子是怎样的人？”孟子说：“是个行善的人，是个真诚的人。”浩生不害说：“什么叫善？什么叫真？”孟子说：“值得喜爱的行为，叫作善；自己确实做到善，叫作真；完完全全做到善，叫作美；完完全全做到善，并且发出光辉照耀别人，叫作大；发出光辉并且产生感化群众的力量，叫作圣；圣到人们无法理解的程度，叫作神。乐正子是在善与真二者之中，而在美、大、圣、神四者之下的人。”（《孟子·尽心下》）这是孟子的思想中，描写人格修养最完整的六个境界。

可欲之谓善，有诸己之谓信

“可欲之谓善”，可欲是就“心”之可欲而言。心是向善的力量，因此人生第一阶段最直接的成就即是“善”。“有诸己之谓信”，由于人性向善，所以唯有亲自实践善行，才可称为真诚或真正的人。“充实之谓美”，“充实”是指在行善方面没有任何欠缺，时时刻刻，念兹在兹。这种“美”显然是人格之美，有圆满之意。自身充实之后，德行会发出光辉照耀别人，称为“大”。我们在翻译“大人”时，采用“德行完备的人”之说法，其故在此。“圣人”可以化民成俗，亦即大而化之。至于“神”，既然是“不可知之”，孟子为什么又凭什么要去指出来？原因就是不可为人设限，同时也为“天人合德”的妙境保留了可能性。

孟子的思想，最关键的就在于用两个角度来看待人的生命，一个是身体、一个是心。孟子对于身体的欲望，兴趣真的不大，他只有举例的时候才用到：“说到口味，天下人都期望尝到易牙的手艺，可见天下人的口味是相似的。耳朵也是如此，说到声音，天下人都期望听到师旷的演奏，可见天下人的听觉是相似的。眼睛也是如此，说到子都，天下人没有不知道他俊美的；不知道子都俊美的，是没有眼睛的人。所以说，口对于味道，有相同的嗜好；耳朵对于声音，有相同的听觉；眼睛对于容貌，有相同的美感。说到心，就偏偏没有共同肯定的东西吗？心所共同肯定的是什么？是道理与义行。圣人最先觉悟了人心共同的肯定。所以，道理与义行使我的心觉得愉悦，正如牛羊猪狗的肉使我的口觉得愉悦一样。”（《孟子·告子上》）

孟子说“可欲之谓善”，这句话的主词是心，心觉得可欲的，就是善的行为。譬如，一个老太太过马路，两个年轻人交头接耳一番后，就跑过去扶她，看到这种行为，会觉得欢喜，这就是“可欲之谓善”，因为它与我没有利害关系。所有的行为，让一个人自然而然感觉到“可欲”，就是可以被喜爱的，就是善的行为。

为什么修养的六个境界，要把善放在第一位呢？儒家认为善只是一个出发点，我们强调人性向善，生下来就向善的话，善当然是出发点。善如果放在太高的位置，变成只有少数人做得到，那么人性与善有什么关系？这也是一个很好的证据。

第二步“有诸己之谓信”，第一步只是看到可欲的行为，也就是善的行为，接着是自己来实践这个行为，这才是真正的人。我是一个真正的人吗？很多时候，人会伪装，扮演各种角色。如果我是一个真正的人，代表我实践了人性向善的“善”，我才是一个合乎人性、具有人性的真正的人。“有诸己”，即有之于自己，叫作真。先说善，再说真，因为善是普遍的，心觉得好的就是善，进而能做到善，就表示自己是真正的人，无愧于任何人。孟子的学生乐正子的修养在善与真二者之中。

充实之谓美，充实而有光辉之谓大

一般讲美的时候，很少人说“充实之谓美”的。古代造字以羊大为美，羊大了肉才好吃，大羊是美味。美与感觉有关，所以我们说“审美”。“美”在希腊文中，与“感觉”是同一个字根。这首音乐很美，如果没有耳朵、没有听觉，怎么知道它美？所有的美，不管是颜色、声音，或是舞蹈、雕塑，都需要有感觉的能力，但什么是“充实之谓美”呢？孟子讲的是“人格之美”。

人格应该是善的，怎么会用美来形容呢？其实美与善都是用以形容一种值得肯定的好东西。《论语·里仁》，子曰：“里仁为美。”居住的环境有仁德之风，那个地方就值得欣赏。“君子成人之美”中的“美”，指的当然是善，对儒家来说，美与善常常放在一起谈。孔子讲究人文之美，“文质彬彬，然后君子”（《论语·雍也》），人需要文化素养，需要表现人文教化的效果。然而战国时代中期讲文化、讲人文太慢了，于是孟子讲人格之美，直接说明个人可以怎么做，叫作“充实之谓美”。我实践了善，就代表我是真正的人，在任何时候、任何地方、任何情况，都做到善，我就充实了。儒家的择善固执，需要考虑：内心感受要真诚、对方期许要沟通、社会规范要遵守。按照这个原则来做，都做得恰到好处，即是“充实之谓美”。

孔子就是“充实之谓美”“无可无不可”“圣之时者也”，在任何时候、任何地方都恰到好处。《中庸·第十三章》，孔子说："君子之道有四方面，我一件都没有做到。要求儿子应该侍奉父亲，我没有做到；要求臣属应该侍奉国君，我没有做到；要求弟弟应该侍奉兄长，我没有做到；要求朋友应该先付出心血，我没有做到。平常的德行就要实践，平常的言语就要谨慎。德行有所不足，不敢不努力去做；言语还有多余，不敢全部都说完。言语要照顾到行为，行为要配得上言语。君子怎么会不笃实呢？"孔子为什么伟大，就是他总认为自己不够，他才会越来越好；能够从这几个方面来要求自己，生命当然充实圆满。我们做的事情越多，"挂一漏万""捉襟见肘""左支右绌"，到最后总是很难圆满，若想做到"充实之谓美"，只有一个办法，缩小所面对的团体的范围，不能自我约束的话，一定有照顾不到的地方。

第四步，"充实而有光辉之谓大"。一个人对任何事情都做得很圆满，久而久之，人格就会散发出一种光辉。各大宗教的圣人画像，头上都有一个光圈，是自然而然就发光的。光辉代表不凡人格的表现，对别人具有启发作用。舜孝顺父母，他的行为传出去以后，任何听到的人都觉得出现光明，觉得人生应该如此，这就是光辉。"大"这个字，始终是让人向往的，代表心胸开阔，能够展现伟大的德行。

大而化之之谓圣，圣而不可知之之谓神

第五步，“大而化之之谓圣”。“化”代表化民成俗，感化百姓成就好的风俗。一个人有了光辉之后，只能照亮别人，是静态的；“化”代表能够有适当的位置让其发挥，可以感动百姓。孟子也说：“夫君子所过者化，所存者神，上下与天地同流。”（《孟子·尽心上》）真正的君子，经过之处都会感化百姓，心中所存则是神妙莫测，造化之功与天地一起运转。“文化”出于《易经·贲卦》，“观乎天文，以察时变，观乎人文，以化成天下”，观察自然界的文饰，可以探知季节的变化；观察人间的文饰，可以教化成就天下的人。圣人的德行充实圆满，不仅能够发出光辉，还能够产生力量来改变百姓，使他们走向善途。

最后一步，“圣而不可知之之谓神”。孟子把最高境界说成是“神”，这里的神当然不是名词，而是一种神妙的境界。孟子认为人可以达成神妙的境界，但是“不可知之”，超越

理性思维的能力。一方面在世界上看不到，另一方面，你看到了也不知道。这就是保留人类精神生命发展的最高境界，并且永无止境，“不可知之”，没有达到之前，不知道是怎么一回事；达到之后，发现永远还有更高的层次可以发展。

佛教的最高境界是不可思议境界，也是无法用概念去设想的。人类的言语、文字都是针对相对的对象，去找到一个概念来表达。我们要描写一个人的伟大，只能说他真伟大，但什么是伟大？从正面说是说不清楚的。就如同西方人谈到上帝时，不能说上帝“是”什么，只能说上帝“不是”什么。这在西方有一千多年的传统，用否定的方式来说明肯定的最高境界。譬如：上帝不是高山、不是大海、不是太阳，这些都对，因为上帝确实不是高山、大海、太阳。但你还是不知道上帝是什么，因为上帝本身是超越我们的相对世界、我们的概念、我们语言的范围，不可说。《老子·第一章》也说：“道可道，非常道。”道家的“道”，就是不能用言语来说的，能够用言语说明的“道”，不是永恒的道，而是相对的道。

谈道家的形上学是非常抽象的，谈儒家的伦理学则比较常见。我们从哲学的角度研究孔孟老庄，到底要提供什么样的观点呢？一般来说，哲学通常参考西方，因为有一个完整架构，分为三个部分。第一个部分是知识论，要有逻辑训练，逻辑是一种推理过程，如果不能加以运用，说话前后矛盾，很难得到合理的认识。譬如《论语·述而》中提到，孔子的学生说："老师在这一天哭过，就不再唱歌了。"由这句话不能推论成"老师今天没哭，他就一定唱歌"，只能说"老师今天唱歌，他一定没哭"，这就是逻辑。只要有正常的理性，需要做推论的时候，就会使用逻辑。只是西方人把逻辑当作学科，专门加以训练，而中国人是自然而然发展出来的，有时候需要做比较深刻的反省才能觉悟。

人讲话有时候会比较夸张，子曰："吾未见好德如好色者也。"（《论语·子罕》）孔子没有见过喜欢美德像喜欢美色的人一样，"未见"这两个字，字面上解释是没有见过，但其实孔子是想加强语气，毕竟颜渊应该是个例外，孔子如此强调，是希望大家知道他所关心的是什么。学过逻辑，说话就会调整，不要说全称的肯定或否定，最好加一些修饰语，大概、或许、差不多、好像、似乎、也可以。孔子说："吾未见刚者。"（《论语·公冶长》）我没有见过真正刚强的人，别人说申枨就很刚强，孔子说："枨也欲，焉得刚？"这句话就变成"无欲则刚"。孔子没有见过的人有五六种，他讲这些话代表他的关心，不要当作他在发表逻辑上的命题。

西方讲知识论，先接受逻辑的训练，接着要研究人的认识可以到什么程度。譬如，什么是回忆？回忆经过筛选作用，还能保存多少真实？我怎么把握我所认识的，真是符合事物本身的样子？中国哲学不太注意这些，只有以惠施、公孙龙为主的名家，专门研究这些。以公孙龙提出的“坚白石”观点为例，一颗石头，我只能看到白色，看不到坚硬；用手去摸一颗石头，我只能摸到坚硬，摸不到白色。所以，我用手摸、用眼睛看，我怎么知道它是石头呢？看到的是白色，白色的不一定是石头；摸到的是坚硬，坚硬的不一定是石头，那石头是怎么来的？听他们辩论久了，不要说求知，反而变成无知了，思想都被阻碍了。

西方的知识论，是要人就生活经验慢慢去提炼，提炼到最后再问，到底有没有东西存在呢？毕竟万物充满变化。这时候你说有，就代表“形上学”出现了，“形上学”是在说明什么是最后的真实。万物充满变化，什么都靠不住，如果变化这么快，怎么知道所看到的是真的呢？但无论万物怎么变，一定有一个本体，不然是什么东西在变呢？研究那个本体的学问，便是“形上学”。西方人特别推崇形上学，因为他们认为它所研究的才是根本的东西，有了形上学做基础，才可以推展到伦理学上。

伦理学所关心的是个人与别人应该如何相处，要行善避恶，那什么叫善恶？有什么原则？以中国哲学来说，儒家比较偏重伦理学，总是期望人成为君子、成为圣人；道家比较偏重形上学，总是在描述什么是道，要培养某种觉悟的能力。中国哲学很少有重视知识论的，西方哲学很少有不重视知识论的，这就是中西哲学明显的差异。

其实儒家也有“形上学”，就是问什么是最后的本体，到底宇宙万物的这些变化，有没有最后的基础，可以作为来源也作为归宿的呢？孔子的答案就是天。天与人又有什么关系呢？孔子“五十而知天命”，了解天命之后，就知道该怎么做了。以伦理学的立场来说，就是要“知其不可而为之”“杀身成仁”，然而伦理学是要让人活下去，它可以要求你，要你行善避恶，但是再怎么样也不至于要你为了行善而牺牲，除非你能告诉我，后面那个本体是什么？孔子认为，牺牲不是牺牲，反而是完成。这是因为后面有天，所以牺牲自己，是完成天命的要求。儒家不讲天人合一，而是追求天人合德。德是行善的结果，如果要符合天命，就要把握人性向善，努力行善，最后成就完美的德行。我成就完美的德行，就与天要求我的一样，等于我完成了这一生应该做的事，可以死而无憾、死而无愧。

孟子能不能掌握这一部分呢？“圣而不可知之之谓神”这句话就是证据。换句话说，一定是有这样的境界，只是人无法了解它；如果没有这样的境界，何必说这句话呢？所以“不可知之”包括无穷的境界、无穷的层次，但都超过言语所能表达的、思考所能掌握的范围，这句话就把儒家的形上学展现出来了。儒家的形上学主要是“天”的概念，一般人所了解的天，与孔、孟的天大有距离。

古代帝王称为“天子”，代表他是天的儿子，要按照天的命令来生活、行事。商朝变成周朝，因为天命改了，每一个王朝建立的时候，都宣称是获得天命，这表示背后有一种信仰。但是孔子说“五十而知天命”，从此以后，每一个人都可以有天命，这是孔子对中国人最大的贡献，不过这一点常常被忽略，因为大家都不太了解什么是“天命”。国学大师钱穆有一次在军中对着很多小兵演讲，他说：“你是一个小兵，在站岗的时候，全神贯注、全力以赴，站得非常好。连上将来，都不能站得比你好，那你就是小兵的圣人，就是圣人的小兵。”他强调只要能把一个工作做得尽善尽美，就是这个工作中的圣人。要努力把每一件自己该做的事情做得尽善尽美，因为人生不能重来，如果这一次没做好，就慢慢改善，希望下次可以做好。如果已经做得尽善尽美，做别的事情也尽善尽美，渐渐就会成为全方位的圣人，也就有可能成为真正的圣人。

钱穆先生的比喻很有道理，常常有人问：“我们平凡老百姓，怎么会有天命呢？”依儒家的看法，每一个人都有天命，就是按照个人的特定情况赋予任务，我们就设法把每一件该做的事做好。孔子五十而知天命，就出来做官了；五年之后，别人不再支持他，他便开始周游列国。于是孔子六十而顺天命，到七十岁从心所欲不逾矩。以我为例，我当一个老师把书教好，就已经奉行我的天命了。但是，离开教书的岗位，我又是一个平凡人，我是很多人的朋友，我有自己的家庭。每一个人在各方面都有与人相处的互动关系，把天命尽好，是一种无穷的责任、无限的使命。

一个人如何把自己全方位的人际关系做得尽善尽美呢？其实一辈子也做不到，所以孔子才会说“圣人，吾不得而见之矣”，“善人，吾不得而见之矣”，理由就在这里。重要的不是有没有做到，而是要持续努力成为君子，证明你没有停下来。

西方学者认为孟子的“不可知之之谓神”，与密契主义（Mysticism）的观念有些类似，就是一种合一状态。只要体会到自身同宇宙万物合而为一，就称作密契经验。西方在这方面的研究很多，他们称作密契主义的传统。孟子说：“夫君子所过者化，所存者神，上下与天地同流。”（《孟子·尽心上》）化就是化成一个整体，能够与上下、与天地同流，当然是合一境界。君子经过任何地方都会感化百姓，其内心保存的是“神”这样的境界，也就是“圣而不可知之之谓神”。“上下与天地同流”又提醒我们浩然之气“其为气也，至大至刚，以直养而无害，则塞于天地之间。”天地代表宇宙万物，能够上下与天地同流，能够充塞于天地之间，在西方学者看来，就是一种密契经验，表示进入一种合一的境界。

再说，什么是密契呢？有一个少尉爱喝酒，长官告诉他，只要不喝酒就能升上尉。这个军官想了想之后说：“我还是喝酒吧！因为喝完酒之后，我变成上将了。”有些人喝醉了，还觉得自己变成上帝了，因为喝醉酒的效果，就是把自我的界限给消除了。人的痛苦源于自我的界限，这是我的、那是你的，别人有的永远比我还多，我一个人所有的，怎么同天下人比呢？有了自我之后，会变得很狭隘，也很难感到快乐。喝醉酒之后，自我不见了，你的就是我的，我的还是我的，天下万物都是我的，在任何地方都觉得快乐。我有一个朋友喝醉酒，倒在臭水沟旁边，别人劝他说这边太臭太脏，他却说这是席梦思床。

举这些例子，是要说明什么是密契经验，宗教常谈到密契经验，这也是一种化解自我之后，整体合一的感受，感觉生命当下就可以安顿。但是宗教的密契经验，和喝醉酒、吸食迷幻药毒品不一样。喝醉酒，是从生活里面突然断裂，让人进入一种特别的感受，但是这种断裂无法与生活相连接，以至于经常需要喝酒，进而演变成酗酒。宗教的密契经验有脉络可循，可以透过阅读经典、虔诚祷告，进入密契经验。再回到生活之后，发现能量得到充实，也能感觉到生命更加圆满。宗教的密契经验是好的，让人回到现实世界时，充满无限的爱心。

儒家思想是不是也有这种力量呢？我们可以参考西方的分析。孟子说“所过者化，所存者神，上下与天地同流”“圣而不可知之之谓神”，从西方的解读来看，会觉得孟子怎么那么有劲？如果是一般人，早就放弃了。国君不听话就不理他，再教也没用。但孟子还是继续讲，讲到不能再讲了，只好离开；离开前还等了等，看国君会不会来挽留他，要是国君再不来，才浩然有归志，如同洪水冲下来一样，不再等了。

孟子怎么会有这么大的力量呢？虽然他不参与政治，但是他办教育也不容易，这么多学生要慢慢地教，动力从何而来？如果没有能量的来源，动力很容易枯竭。如果研习孟子，只发现他与国君们的对话，层次是不够的，还要能掌握住孟子人格修养的六种境界。

第三讲：孟子的贡献

二零零七年八月八日，我第一次到山东曲阜，参观了三孔：孔庙、孔府、孔林。孔林是孔子与后代子孙的坟墓区。我在孔子墓前，忍不住跪下来表示尊敬，因为他的思想对我们人类太重要了，对中国人的贡献太大了。旁边有一间小屋子，碑上面写着“子贡庐墓处”，子贡在这儿为孔子守丧，我特地在碑前拍了一张照片。其实我对孔子的尊敬和对子贡的感受，都是受到孟子的影响。

《孟子·滕文公上》，孟子劝陈相不要追随农家，而要坚持儒家的立场时，他说：“只听说有从幽暗山谷飞出来，迁移到高大的树上的，没有听说从高大树木飞下来，迁移到幽暗山谷中的。”孟子举孔子师生互动为例，说明儒家是光明大道，这段资料非常珍贵。

孟子说："从前，孔子逝世，弟子守丧三年（二十五个月）之后，收拾行李准备回家，走进子贡住处作揖告别，相对痛哭，大家都泣不成声，然后才离去。子贡又回到墓地重新筑屋，独居三年，然后才回家。一段时日之后，子夏、子张、子游认为有若的言行举止很像孔子，想用侍奉孔子的礼节去侍奉他，并且勉强曾子同意。曾子说：'不行。经江水、汉水洗涤过，盛夏的太阳暴晒过，洁白明亮无以复加了！'"

孟子的言下之意是，如果他生在当时，也会为孔子守丧。他到处打听有关孔子的事迹，并且记录下来。孔子是一个平凡人，为什么能让学生们对他产生如此深刻的情感呢？孟子将儒家学说和孔子与学生们人格的表现、具体的作为都了解透彻之后，发展出他自己的思想。

究竟孟子对我们有何特别的贡献呢？

辨明儒家的人性论与境界论

孔子对人性有深刻的了解，他说“性相近也，习相远也”（《论语·阳货》），这两句话被宋朝的程颐与朱熹批评，他们认为应该说性相同，因为他们对人性的看法是“人性本善”。然而孔、孟从未说过人性本善，而是认为“人性向善”，“向”代表力量，有力量就有强弱之分，所以是“性相近”。

孟子说：“无恻隐之心，非人也；无羞恶之心，非人也；无辞让之心，非人也；无是非之心，非人也。”（《孟子·公孙丑上》）此话一出，人人都害怕自己不是人了。“无恻隐之心，非人也”，一个人如果没有怜悯心，就不是人，言下之意就是，如果对天下任何一个人还存有一点同情心，就不在这个范围内。如果有人发生灾难，无论亲疏远近，都会让你产生怜悯之心，可是这世界哪一天没有灾难呢？有同情心的人，岂不是天天在哭？孟子的意思是，如果这个世界上，没有任何人的灾难会让你产生怜悯同情心，你就真的不是人了。如果你被孟子说成不是人因此而生气，表示你还有羞恶之心。

孔子对于人性，只用八个字来说明，“性相近也，习相远也”，孟子则是连篇累牍地发挥与分析，“怜悯心是仁德的开端，羞耻心是义行的开端，谦让心是守礼的开端，是非心是明智的开端。人有这四种开端，就像拥有四肢一样。有这四种开端却说自己不能行善，是伤害自己的人；说君主不能行善，是伤害君主的人。所有具备这四种开端的人，如果知道要去扩大充实它们，就会像柴火刚刚燃烧，泉水刚刚涌出。假使能扩充它们，足以保住天下；假使不能扩充它们，连侍奉父母都做不到。”善在于行为，孟子说明从心的四端开始，把人性的力量表现出来，实现仁义礼智。重点是“善在于行为”，四端就是我的四肢，有手脚不做好事，手脚有什么用呢？孟子讲的人性，是一种动态、一种力量的情况。

我年轻的时候念到朱熹的注解，发现他是利用孔孟来注解自己的思想。朱熹是哲学家，哲学家容易在谈别人的思想时，经过某种选择考虑，变成讲自己的思想。我在学习哲学的过程中，常常提醒自己不要犯了这样的毛病。《论语·学而》第一句话“学而时习之，不亦说乎”，孔子只说学习之后，在适当的时候实践，这样就会觉得开心。朱熹在注解时偏偏要说“人性皆善，而觉有先后”，这句话显然是多出来的。孔子说什么才是重要的，所以我们学习时，要直接从原典来思考，做一个合理的解释，这样才对得起孔孟。

孟子的人性论，用现代的语言来表达，只能勉强解释为人性向善。有人问我，这个“向”怎么来的？孟子其实没说。但他常说水向下流，用心思考的话，这是他运用比喻，是一种动态的观点。很多人讲到人性向善就很紧张，只有向善，而没有本善，那我该怎么办呢？其实不用担心，真不真诚是关键，若是不真诚，也无所谓怎么办，一旦真诚，向善的力量出现，就不必忧心了。

肯定人格的平等与仁政理想

孟子提出人格修养的六个境界：善、信、美、大、圣、神。这也是对儒家的贡献。

“可欲之谓善”，这句话的主词是人的心，而不是人的身。孟子说过“理义之悦我心”（《孟子·告子上》），可见人心觉得可欲的即是理与义，可通称为“善”。一个人的行为，如孝、悌、忠、信，使心觉得值得欲求，即可称为“善”。但是，这种行为是否出于别人的要求呢？“有诸己之谓信”，善行不是出于别人的要求，而是由真诚引发内在的力量，自主去完成的，这样才可算是“信”，信是真实之意。“充实之谓美”，由真实到充实，是说在“一切”人我相处之事上，都能做到善，由此彰显人格之美。“充实而有光辉之谓大”，表示其彰显人格之美，已焕发出光辉，足以照亮四周的人。这样才可称为“大”。孟子口中的“大人”常指德行完备的人，即是此意。“大而化之之谓圣”，不仅发出光辉，还能进而产生感化人们的力量，造成化民成俗的效果，这样的人即可称为圣人了。孟子所谓的“圣之清者，圣之和者，圣之任者，圣之时者”（《孟子·万章下》），皆有类似的表现。“圣而不可知之之谓神”，在圣之上还有“不可知之”的境界，表示人性的潜能是无法限制与难以想象的。古人以为“人是万物之灵”，孟子这句话是对“灵”字的最高礼赞。儒家肯定人可以做到“止于至善”，只是无从描述罢了。

研究孟子思想，有人喜欢强调他的三辨之学：第一，人禽之辨，人与禽兽的差别；第二，义利之辨，道义与利益的分辨；第三，王霸之辨，王道与霸道的分别。我们可以试着说明。

第一，人禽之辨，人与禽兽的分辨。孟子说：“人之所以异于禽兽者几希，庶民去之，君子存之。舜明于庶物，察于人伦，由仁义行，非行仁义也。”（《孟子·离娄下》）人与禽兽不同的地方，只有很少一点点，一般人丢弃了它，君子保存了它。舜了解事物的常态，明辨人伦的道理，因此顺着仁与义的要求行动，而不是刻意实践仁与义。人与禽兽的差别只有“几希”，君子与庶民的差别在于前者“存之”而后者“去之”，问题是，庶民一旦去之，还有恢复的希望吗？如果没有希望，庶民如何异于禽兽？教育又如何进行？如果有希望恢复，那么所谓的“去之”，所去的就不是一个固定的称为“善”的人性了。换言之，人性可以去也可以存，显然它是一种动态的力量，亦即人只要活着，并且给自己机会，这个力量又会开始运作。试问，这样的人性是本善还是向善？只有“向善”一词才可说明人性的力量状态。舜“由仁义行”，正是因为体察了人性内在的力量，由内而发去行善。一个人只要真诚，就会体认仁义是源于内心的，行善就不必刻意也毫无勉强。

孟子说：“牛山的树木曾经很茂盛，由于它邻近都城郊外，常有人用刀斧砍伐，还能保持茂盛吗？当然，它日夜在生长着，雨水露珠在滋润着，不是没有嫩芽新枝发出来，但紧跟着就放羊牧牛，最后就成为现在光秃秃的样子了。人们看见那光秃秃的样子，就以为它不曾长过成材的大树，这难道是山的本性吗？就说在人的身上，难道会没有向往仁德与义行的心思吗？有些人之所以丧失良心，就像刀斧对付树木一样，天天去砍伐它，还能保持茂盛吗？经过日夜的生长，出现了天刚亮时的清明之气，他的好恶与一般人相近的也有了一点点，可是他在白天的所作所为又将它压制消灭了。反复地予以压制，他在夜里滋生的气息就无法保存；夜里滋生的气息无法保存，他就距离禽兽不远了。人们见他像个禽兽就以为他不曾具有人的资质。这难道是人的真实状态吗？因此，如果得到滋养，没有东西不生长；如果失去滋养，没有东西不消亡。孔子说：‘抓住它，就存在；放开它，就消失；出去进来没有定时，没人知道它的走向。’大概说的就是人心吧？”（《孟子·告子上》）儒家强调教育，是因为人性只是向善，还不懂得怎么择善，也不懂得具体的善应该有什么内容。

第二，义利之辨。孔子说“见得思义”（《论语·季氏》），他的学生说“见利思义”（《论语·子张》），总之，就是不要见利忘义。一位日本学者写了《论语与算盘》一书，很受欢迎。论语代表道义，算盘代表利益，只要以正当手段赚钱，那是天经地义，一方面社会上有正当的风气了；另一方面赚了钱之后，可以用它来行善，大的企业照顾很多员工，这是社会责任，也是好事。看到利益，就要问该不该得、正当性够不够，只要守法，只要重礼，谁曰不宜？

在谈到义与利的分辨时，孟子的重点放在为了义可以牺牲利，因为义是自我的要求，由内而发的；利是外在的收获，可多可少。生活经验丰富之后，会发现外在的一切都在变化之中，得到多少是相对的，从外而来的，也可以在外面失去；但是由内而发的，必须自己面对、负责，所以孟子的义利分辨，加上前面的人禽之辨，他的基本路线就清楚了。

第三，王霸之辨。王与霸的分辨，代表社会与国家的发展，如果推行仁政，就是王道；如果追求武力，像当时的富国强兵，各国之间的互相征战，就只能算是霸道。《孟子·滕文公下》，景春说：“公孙衍、张仪难道不是真正的大丈夫吗？他们一发怒，诸侯就害怕，他们安居家中，天下就太平无事。”

孟子说：“这怎能算是大丈夫呢？你没有学过礼吗？男子举行加冠礼时，父亲教诲他；女子出嫁时，母亲教诲她，送她到门口，告诫她说：‘到了夫家，一定要恭敬，一定要谨慎，不要违背丈夫！’把顺从当作正途，是妇女遵循的原则啊。居住于天下最宽广的住宅，站立于天下最正确的位置，行走于天下最开阔的道路；能实现志向，就同百姓一起走上正道；不能实现志向，就独自走在正道上。富贵不能让他耽溺，贫贱不能让他变节，威武不能让他屈服，这样才叫作大丈夫。”

景春、公孙衍、张仪都是当时的纵横家，讲究“合纵连横”，以优异的口才与说辞，使各国或和或战。在此未提及苏秦，可能因为他已经过世了。孟子认为他们是“以顺为正”，投机取巧、买空卖空，与诸侯周旋而毫无原则，只求个人利益，实在不配称为“大丈夫”。“丈夫”本是成年男子（二十岁要行冠礼）的通称，前面加一个“大”字，则有高人一等、伟大不凡的意味。孟子认为这个“大”字，不由权力、地位、财富、名望来决定，而是取决于志向、操守、修养，因而也是人人可以做到的。能行仁，必得人心向往，无处不可居；能守礼，进退从容有节，无处不可立；能行义，浩然之气充满，处处是大道。无论得志与否，皆不背离这些原则，至于富贵、贫贱、威武，则可作为“试金石”。人的价值，起于主体的道德自觉，中间经过层层考验，目标则是兼善天下。

孟子当然强调王道，霸道不在他的眼中，他甚至看不起管仲，因为管仲让齐桓公成为春秋五霸的第一霸。孟子希望能实现王道，恢复三代之仁政的理想。“仁政必自经界始”(《孟子·滕文公上》)，把经济做好，再发展教育。这种王霸之辨，也是很好的政治理想。

孟子肯定人格平等，孔子已经发其端了。孔子做官的时候，下朝回家，听到家里马厩失火了，就问有人受伤吗？他没有询问马的损失。马代表财物，财物可多可少，但是人命关天。今天讲人命关天，那是因为大家都重视人权。古代从春秋到战国时代，战争非常残酷，一打仗就死伤惨重，如秦国打败赵国，坑杀赵卒七十万人。后来经过研究考证没有那么多，但至少也有十七万人。孟子说，像孔子、伯夷这些人，他们如果当上天子的话，“行一不义，杀一不辜，而得天下，皆不为也。”（《孟子·公孙丑上》）这十六个字是古今中外政治的最高理想。做一件不该做的事、杀一个无辜的人，因此而得到天下，他们都不屑于做，如果生活在这些人的统治之下，他们这么尊重每一个人的生命，百姓一定会觉得幸福。所以孟子说：“民为贵，社稷次之，君为轻。”（《孟子·尽心下》）百姓是最重要的，土谷之神位居其次，国君的分量最轻。后代的专制帝王当然不喜欢听这种话。

齐宣王问孟子说：“商汤放逐夏桀，周武王讨伐商纣，有这些事吗？”孟子回答说：“史籍上有这样的记载。”齐宣王说：“臣子杀害他的国君，这是可以做的吗？”孟子说：“破坏仁德的人称作贼害，破坏义行的人称作残酷；残酷贼害的人称作独夫。我只听说杀了独夫商纣，没有听说杀了国君啊。”（《孟子·梁惠王下》）齐宣王的祖先就是篡了位才上台的。说到齐国的发展也很有意思，齐国本来是姜太公的子孙，传了二十四代，被田氏篡位了，国号还是叫齐国。国君是为人民而存在的，国君不好，自然会被换掉，这种话具有划时代的意义，不只局限于战国时代，如此每一个百姓都可以受到尊重。

孟子到了平陆，对当地的大夫孔距心说：“如果你的卫士一天三次失职，你会开除他吗？”孔距心说：“不必等到三次。”孟子说：“那么你失职的地方也够多了。遇到灾荒年头，你的百姓，年老体弱的饿死在田沟山溪里，年轻力壮的逃散到四方去，大概有一千人了。”孔距心说：“这不是我能够解决的。”

孟子说：“假使有个人接受别人的牛羊而替他放牧，那么这个人一定要为牛羊找到牧场与草料。如果找不到牧场与草料，那么他是把牛羊还给主人呢？还是站在那儿看着牛羊饿死？”孔距心说：“这是我的罪过啊。”过了几天，孟子谒见齐宣王说：“大王的地方长官，我认识五位。明白自己罪过的，只有孔距心。”接着把那番问答叙述一遍。齐宣王说：“这是我的罪过啊。”（《孟子·公孙丑下》）在其位就要谋其政，否则另请高明。孔距心与齐宣王在孟子的开导下，都能有所警觉。孟子使用比喻的功力，令人佩服。

教育理论值得参考

孟子值得后人学习的，还有他的教育理论，孟子说：“君子有五种教育方法：有像及时雨那样润泽点化的，有成全品德的，有培养才干的，有解答疑问的，有靠品德学问使别人私下受到教诲的。这五种就是君子施行教育的方法。”（《孟子·尽心上》）对于长期跟在身边的学生，可以因时、因地、因事而随机指点，助其转化提升。接着所说的三种是“成德、达财（才）、答问”，分别针对品德、才干、见识来指导，这是为了考量学生的不同需求。至于“私淑艾者”的字面意义是“私拾取者”，意即老师的嘉言懿行广为流传之后，有些人没有亲自受教的机会，也可以私下认真学习。

孟子说：“教育的方法很多，我对一个人不屑于去教导，就已经是教导他了。”（《孟子·告子下》）《论语·阳货》有一段资料：“孺悲欲见孔子，孔子辞以疾。将命者出户，取瑟而歌，使之闻之。”孺悲想要拜访孔子，孔子托言有病，拒绝见他。传命的人一走出房间，孔子就取出瑟来边弹边唱，让孺悲可以听到。“不教之教”也可以使受教者觉悟自己的过失。

孟子只有一种人不教，就是自暴自弃的人。自暴自弃与念书、考试关系不大，却同行善有关。人性向善，若是认为自己不可能行仁、行义，不可能做个好人，这是最可惜的。要是放弃了行善的力量和可能性，对自己一定会不满意，会觉得自己活着又不行义、又不行仁，那要做什么呢？一个人光是吃饭、睡觉过日子就可以了吗？那对生命是一种可怕的浪费。虽然不至于让自己沦落到这样的地步，但人通常都会用很多外在的热闹活动，来分散自己的注意。

孟子提到一个人，这个人是齐国的大官，受到齐宣王的宠幸，叫王驩。孟子在齐国担任客卿，奉命前往滕国吊丧。当时滕国正为文公办丧事，而孟子与他原为旧识。大王派盖邑大夫王驩为副使同行。王驩与孟子朝夕相见，来回于齐国与滕国的路途上，孟子却不曾与他谈过出使的事。公孙丑说："齐国卿的官位不算小了；齐国与滕国之间的路途不算近了。来回一趟却不曾与王驩谈过出使的事，为什么呢？"孟子说："他既然事情都办好了，我还说什么呢？"（《孟子·公孙丑下》）孟子是客卿，王驩虽然担任副使，却是齐国的权臣，行事专擅，所以孟子与他保持距离。

还有一次，齐国大夫公行子为儿子办理丧事，右师（王驩，王子敖）前去吊唁，他一进门，就有人上前同他说话；他坐定了，又有人走近座位同他说话。孟子不同他说话，他不高兴地说："大夫们都来同我说话，只有孟子不同我说话，这是怠慢我啊。"孟子听到这话，就说："按礼制的规定，在朝廷上不能越过位置相互交谈，不能越过台阶相互作揖。我想遵行礼制，子敖却认为我怠慢了他，不也奇怪吗？"（《孟子·离娄下》）孟子对他并无好感，但仍依礼行事。礼制所说的是“朝廷”，而丧礼是民间的正式礼仪，并且前往吊丧的多是朝廷官员，所以孟子就取法乎上了。孟子对王驩的态度，合乎《易经·遁卦·象传》所说：“君子以远小人，不恶而严。”要疏远小人，不去憎恶他们，但要严肃以对。

人一旦有了官位、有了财富，在一个范围之内呼风唤雨，就觉得人生好像于愿足矣，已经觉得很愉快了。如果再深入思考，人的生命能够只局限在这些地方吗？我们为什么要学儒家？我们认真了解孔子、孟子的思想之后，就会发现，人具有一种内在的价值，只有掌握住人格的尊严，才能显示人作为万物之灵重要的特色，进而发挥出来，才觉得做人真是有意思，这一生才值得。否则做人很辛苦，从小念书那么累，与那么多人来往，各方面都要竞争，这一生到底所为何来呢？在儒家看来，能把握到人性的基础，就没有问题了。

可惜的是，在孟子以后，儒家由荀子来推广，然而荀子却教出两个法家的学者，导致孔、孟思想并没有得到真正的发展。汉朝几百年，很少有人谈孟子。到了唐朝，有人研究原先编在《礼记》里面的《中庸》和《大学》。到了南宋朱熹，就为《大学》与《中庸》重新分章断句，也做一些注解，然后再与《论语》《孟子》的集注合在一起，变成《四书章句集注》。元朝以后，把这四书当作教科书，要求所有读书人都要熟读，变成考试必备版本。参加科举考试，必须熟读这一本“四书”。朱熹的思想，也透过四书的注解流传下来了。参加科举是读书人的框框，“十年寒窗无人问，一举成名天下知”，但是这种书用来应付考试，背久了会变成教条，年轻人学得很快，也很熟悉其内容，却没有时间加以实践，更不要说想通它的道理了。老实说，古代的读书人挺委屈的。

但我们也无法加以苛责，毕竟现代社会比较自由、开放，每个人都可以进行全方位的思考，尤其我们有机会学到西方的哲学，可以透过逻辑的训练，比较容易掌握到思想的系统，这不是古人可以做到的。从宋朝一路下来，尤其是明朝，对读书人的控制特别严密，简直到了不可思议的地步。官员上朝，要是提出的建言皇帝不满意，马上就有宦官把官员压倒在地，在朝廷上用杖子打，这样的责罚叫廷杖。诡异的是，有些官员越是被打，回乡之后越受到尊重，大家都认为是好官才会挨打。有一个人，受廷杖后无法行走，被抬了回家，连坐都不能坐，就把那些被打烂的肉，割下来做成腊肉以示纪念，得到全乡的尊重。读书人若是走到这个地步，完全不能匡正朝廷，反而在夹缝中求生存，是很可悲的。至于到了清朝，情况也没有改善。

我们今天学习孔孟的思想，要排除两千多年帝王专制的复杂背景，就原典来思考其中普遍的观点，看它能否超越时间空间的限制，对人类发出永恒的呼唤，呼唤我们的心回到最原始最纯粹的情况，领悟“人性向善，择善固执，止于至善”，让我们这一生可以按照儒家思想的引导，过得充实而完美。